TRAITÉ

DES

TROIS IMPOSTEURS.

CHAPITRE I.

DE DIEU.

§. 1.

Quoiqu'il importe à tous les hommes de connoître la vérité, il y en a très-peu cependant qui jouissent de cet avantage: les uns sont incapables de la rechercher par eux-mêmes, les autres ne veulent pas s'en donner la peine. Il ne faut donc pas s'étonner si le monde est rempli d'opinions vaines & ridicules, rien n'est plus capable de leur donner cours que l'ignorance; c'est-là l'unique source des fausses idées que l'on a de la Divinité, de l'Ame, des Esprits & de presque tous les autres objets qui composent la Religion. L'usage a prévalu, l'on se con-

A

tente des préjugés de la naiſſance & l'on s'en rapporte ſur les choſes les plus eſſentielles à des perſonnes intéreſſées qui ſe font une loi de ſoutenir opiniâtrément les opinions reçues & qui n'oſent les détruire de peur de ſe détruire eux-mêmes.

§. 2.

Ce qui rend le mal ſans remede, c'eſt qu'après avoir établi les fauſſes idées qu'on a de Dieu, on n'oublie rien pour engager le peuple à les croire, ſans lui permettre de les examiner; au contraire on lui donne de l'averſion pour les Philoſophes ou les véritables Savans, de peur que la raiſon qu'ils enſeignent ne lui faſſe connoître les erreurs où il eſt plongé. Les partiſans de ces abſurdités ont ſi bien réuſſi qu'il eſt dangereux de les combattre. Il importe trop à ces impoſteurs que le peuple ſoit ignorant, pour ſouffrir qu'on le déſabuſe. Ainſi on eſt contraint de déguiſer la vérité, ou de ſe ſacrifier à la rage des faux Savans, ou des ames baſſes & intéreſſées.

§. 3.

Si le peuple pouvoit comprendre en quel abîme l'ignorance le jette, il ſecoueroit bientôt le joug de ſes indignes conducteurs, car il est impossible de laisser agir la raison sans qu'elle découvre la vérité.

Ces imposteurs l'ont si bien senti, que pour empêcher les bons effets qu'elle produiroit infailliblement, ils se sont avisés de nous la peindre comme un monstre qui n'est capable d'inspirer aucun bon sentiment, & quoiqu'ils blâment en général ceux qui sont déraisonnables, ils seroient cependant bien fâchés que la vérité fût écoutée. Ainsi l'on voit tomber sans cesse dans des contradictions continuelles ces ennemis jurés du bon sens; & il est difficile de savoir ce qu'ils prétendent. S'il est vrai que la droite raison soit la seule lumiere que l'homme doive suivre, & si le peuple n'est pas aussi incapable de raisonner qu'on tâche de le persuader, il faut que ceux qui cherchent à l'instruire s'appliquent à rectifier ses faux raisonnemens, & à détruire ses préjugés; alors on verra ses yeux se dessiller peu-à-peu & son esprit se convaincre de cette vérité, que Dieu n'est point ce qu'il s'imagine ordinairement.

§. 4.

Pour en venir à bout, il n'est besoin ni de hautes spéculations, ni de pénétrer fort avant dans les secrets de la nature. On n'a besoin que d'un peu de bon sens pour juger que Dieu n'est ni colere ni jaloux ; que la justice & la miséricorde sont de faux titres qu'on lui attribue ; & que ce que les Prophêtes & les Apôtres en ont dit, ne nous apprend ni sa nature ni son essence.

En effet à parler sans fard & à dire la chose comme elle est, ne faut-il pas convenir que ces Docteurs n'étoient ni plus habiles ni mieux instruits que le reste des hommes ; que bien loin de là, ce qu'ils disent au sujet de Dieu est si grossier, qu'il faut être tout-à-fait peuple pour le croire ? Quoique la chose soit assez évidente d'elle-même, nous allons la rendre encore plus sensible, en examinant cette question : S'il y a quelque apparence que les Prophêtes & les Apôtres ayent été autrement conformés que les autres hommes ?

§. 5.

Tout le monde demeure d'accord que pour la naissance & les fonctions ordinaires de la vie, ils n'avoient rien qui les distinguât du reste des hommes ; ils étoient engendrés par des hommes, ils naissoient des femmes, & ils conservoient leur vie de la même façon que nous. Quant à l'efprit, on veut que Dieu animât bien plus celui des Prophêtes que des autres hommes, qu'il fe communiquât à eux d'une façon toute particuliere: On le croit d'auffi bonne foi que fi la chofe étoit prouvée ; & fans confidérer que tous les hommes fe reffemblent, & qu'ils ont tous une même origine, on prétend que ces hommes ont été d'une trempe extraordinaire, & choifis par la Divinité pour annoncer fes oracles. Mais outre qu'ils n'avoient ni plus d'efprit que le vulgaire, ni l'entendement plus parfait, que voit-on dans leurs écrits qui nous oblige à prendre une fi haute opinion d'eux? La plus grande partie des chofes qu'ils ont dites eft fi obfcure que l'on n'y entend rien, & en fi mauvais ordre qu'il eft facile de s'appercevoir qu'ils ne s'entendoient pas eux-mêmes, & qu'ils n'étoient que des fourbes ignorans. Ce qui a donné lieu à l'opinion que l'on a conçue d'eux, c'eft la hardieffe qu'ils ont eue de fe vanter de tenir immédiatement de Dieu tout ce qu'ils annonçoient au peuple; créance abfurde & ridicule, puifqu'ils avouent eux-mêmes que Dieu ne leur parloit qu'en fonge. Il n'eft rien de plus naturel à l'hom-

me que les fonges, par conféquent il faut
qu'un homme foit bien effronté, bien
vain & bien infenfé pour dire que Dieu
lui parle par cette voye, & il faut que
celui qui y ajoute foi foit bien crédule
& bien fol pour prendre des fonges pour
des oracles divins. Suppofons pour un
moment que Dieu fe fît entendre à quel-
qu'un par des fonges, par des vifions, ou
par telle autre voye qu'on voudra l'imaginer, perfonne n'eft obligé d'en croire fur
fa parole un homme fujet à l'erreur, &
même au menfonge & à l'impofture :
auffi voyons-nous que dans l'ancienne
Loi l'on n'avoit pas à beaucoup près
pour les Prophêtes autant d'eftime qu'on
en a aujourd'hui. Lorfqu'on étoit las de
leur babil qui ne tendoit fouvent qu'à
femer la révolte, & à détourner le peuple de l'obéiffance due aux Souverains,
on les faifoit taire par divers fupplices :
Jéfus-Chrift lui-même n'échappa point
au jufte châtiment qu'il méritoit ; il n'a-
voit pas comme Moyfe une armée à fa
fuite pour défendre fes opinions : (*) ajou-
tez à cela que les Prophêtes étoient tellement accoutumés à fe contredire les uns
les autres, qu'il ne s'en trouvoit pas dans

_____

(*) Moyfe fit mourir tout d'un coup 24000.
hommes pour s'être oppofés à fa Loi.

quatre cens (*) un feul de véritable. De plus, il eft certain que le but de leurs Prophéties, auffi bien que des loix des plus célebres légiflateurs, étoit d'éternifer leur mémoire, en faifant croire aux peuples qu'ils conféroient avec Dieu. Les plus fins politiques en ont toujours ufé de la forte, quoique cette rufe n'ait pas toujours réuffi à ceux qui, à l'imitation de Moyfe, n'avoient pas le moyen de pourvoir à leur fûreté.

§. 6.

Cela pofé, examinons un peu l'idée que les Prophêtes ont eue de Dieu. S'il faut les en croire, Dieu eft un Etre purement corporel ; Michée le voit affis ; Daniel, vêtu de blanc & fous la forme d'un vieillard ; Ezéchiel le voit comme un feu ; voilà pour le Vieux-Teftament. Quant au Nouveau, les Difciples de Jéfus-Chrift s'imaginent le voir fous la forme d'une colombe, les Apôtres fous celle de langues de feu, & St. Paul enfin comme une lumiere qui l'éblouit & l'aveugle. Pour ce qui eft de la contra-

(*) Il eft écrit au premier Livre des Rois Chap. 22. vs. 6. qu'Achab, Roi d'Ifraël, confulta 400. Prophêtes, qui fe trouverent tous faux, par les fuites de leurs Prophéties.

diction de leurs fentimens , Samuel (*a*)
croyoit que Dieu ne fe repentoit jamais
de ce qu'il avoit réfolu; au contraire Jérémie (*b*) nous dit que Dieu fe repent des
confeils qu'il a pris.   Joël (*c*) nous apprend qu'il ne fe repent que du mal qu'il
a fait aux hommes: Jérémie dit qu'il ne
s'en repent point.   La Génèfe (*d*) nous
enfeigne que l'homme eft maître du péché, & qu'il ne tient qu'à lui de bien
faire, au lieu que St. Paul (*e*) affure que
les hommes n'ont aucun empire fur la
concupifcence fans une grace de Dieu
toute particuliere &c.   Telles font les
idées fauffes & contradictoires que ces
prétendus infpirés nous donnent de Dieu,
& que l'on veut que nous en ayons, fans
confidérer que ces idées nous repréfen-
tent la Divinité comme un être fenfible,
matériel & fujet à toutes les paffions humaines.   Cependant on vient nous dire
après cela que Dieu n'a rien de commun
avec la matiere, & qu'il eft un Etre in-
compréhenfible pour nous.   Je fouhaite-
rois fort favoir comment tout cela peut
s'accorder , s'il eft jufte d'en croire des

(*a*) Cap. 15. vs. 2. & 9.
(*b*) Cap. 18. vs. 10.
(*c*) Cap. 2. vs. 13.
(*d*) Cap. 4. vs. 7.
(*e*) Rom. 15. 9. vs. 10.

contradictions si visibles & si déraisonnables, & si l'on doit enfin s'en rapporter au témoignage d'hommes assez grossiers pour s'imaginer, non-obstant les sermons de Moyse, qu'un Veau étoit leur Dieu ! Mais sans nous arrêter aux rêveries d'un peuple élevé dans la servitude & dans l'absurdité, disons que l'ignorance a produit la croyance de toutes les impostures & les erreurs qui regnent aujourd'hui parmi nous.

CHAPITRE II.

Des raisons qui ont engagé les hommes à se figurer un Etre invisible qu'on nomme communément Dieu.

§ I.

Ceux qui ignorent les causes physiques ont une crainte (*) naturelle qui

(*) *Cætera, quæ fieri in terris, Cæloque tuentur*
Mortales pavidis cùm pendent mentibu' sæpe
Efficiunt animos humileis formidine Divûm,
Depressosque premunt ad terram, propterea quòd
Ignorantia causarum conferre Deorum
Cogit ad imperium res, & concedere regnum : &
Quorum operum causas nulla ratione videre
Possunt hæc fieri Divino numine rentur.
Lucret. *de rer. nat. Lib. VI. vs. 49. & seqq.*

procede de l'inquiétude & du doute où ils font s'il exifte un Etre ou une puiffance qui ait le pouvoir de leur nuire ou de les conferver. De là le penchant qu'ils ont à feindre des caufes invifibles, qui ne font que les Phantômes de leur imagination, qu'ils invoquent dans l'adverfité & qu'ils louent dans la profpérité. Ils s'en font des Dieux à la fin, & cette crainte chimérique des puiffances invifibles eft la fource des Religions que chacun fe forme à fa mode. Ceux à qui il importoit que le peuple fût contenu & arrêté par de femblables rêveries ont entretenu cette femence de Religion, en ont fait une loi, & ont enfin réduit les peuples, par les terreurs de l'avenir, à obéir aveuglément.

§. 2

La fource des Dieux étant trouvée, les hommes ont cru qu'ils leur reffembloient, & qu'ils faifoient comme eux toutes chofes pour quelque fin. Ainfi ils difent & croyent unanimement que Dieu n'a rien fait que pour l'homme, & réciproquement que l'homme n'eft fait que pour Dieu. Ce préjugé eft général, & lorfqu'on réfléchit fur l'influence qu'il a dû néceffairement avoir fur les mœurs & les opinions des hommes, on voit clairement que c'eſt de là qu'ils ont pris occaſion de ſe former des idées fauſſes du bien & du mal, du mérite & du démérite, des louanges & de la honte, de l'ordre & de la confuſion, de la beauté & de la difformité, & des autres choſes ſemblables.

§. 3.

Chacun doit demeurer d'accord que tous les hommes ſont dans une profonde ignorance en naiſſant, & que la ſeule choſe qui leur ſoit naturelle eſt de chercher ce qui leur eſt utile & profitable: de là vient 1°. qu'on croit qu'il ſuffit pour être libre de ſentir en ſoi-même qu'on peut vouloir & ſouhaiter ſans ſe mettre nullement en peine des cauſes qui diſpoſent à vouloir & à ſouhaiter, par ce qu'on ne les connoît pas. 2°. Comme les hommes ne font rien que pour une fin qu'ils préferent à toute autre, ils n'ont pour but que de connoître les cauſes finales de leurs actions & ils s'imaginent qu'après cela ils n'ont plus aucun ſujet de doute, & comme ils trouvent en eux-mêmes & hors d'eux pluſieurs moyens de parvenir à ce qu'ils ſe propoſent, vû qu'ils ont, par exemple, des yeux pour voir, des oreilles pour entendre, un ſoleil pour les éclairer &c., ils ont conclu qu'il n'y a rien dans la nature qui ne foit fait pour eux, & dont ils ne puiffent jouir & difpofer ; mais comme ils favent que ce n'eft point eux qui ont fait toutes ces chofes, ils fe font cru bien fondés à imaginer un être fuprême auteur de tout, en un mot ils ont penfé que tout ce qui exifte étoit l'ouvrage d'une ou de plu-fieurs Divinités. D'un autre côté la na-ture des Dieux que les hommes ont ad-mis leur étant inconnue, ils en ont jugé par eux-mêmes, s'imaginant qu'ils étoient fufceptibles des mêmes paffions qu'eux ; & comme les inclinations des hommes font différentes, chacun a rendu à fa Di-vinité un culte felon fon humeur, dans la vue d'attirer fes bénédictions & de faire fervir par là toute la nature à fes pro-pres defirs.

§. 4.

C'eft de cette maniere que le préjugé, s'eft changé en fuperftition; il s'eft enra-ciné de telle forte, que les gens les plus groffiers fe font cru capables de pénétrer dans les caufes finales comme s'ils en avoient une entiere connoiffance. Ainfi au lieu de faire voir que la nature ne fait rien en vain, ils ont cru que Dieu & la nature penfoient à la façon des hommes.

L'expérience ayant fait connoître qu'un nombre infini de calamités troublent les douceurs de la vie comme les orages, les tremblemens de terre, les maladies, la faim, la soif &c. on attribua tous ces maux à la colere célefte, on crut la Divinité irritée contre les offenfes des hommes qui n'ont pû ôter de leur tête une pareille chimere, ni fe défabufer de ces préjugés par les exemples journaliers qui leur prouvent que les biens & les maux ont été de tout tems communs aux bons & aux méchans. Cette erreur vint de ce qu'il leur fut plus facile de demeurer dans leur ignorance naturelle que d'abolir un préjugé reçu depuis tant de fiecles, & d'établir quelque chofe de vraifemblable.

§. 5.

Ce préjugé les a conduits à un autre qui eft de croire que les jugemens de Dieu étoient incompréhenfibles, & que par cette raifon la connoiffance de la vérité étoit au deffus des forces de l'efprit humain ; erreur où l'on feroit encore, fi les mathématiques, la phyfique & quelques autres fciences ne l'avoient détruite.

§. 6.

Il n'eft pas befoin de longs difcours

pour montrer que la nature ne se propose
aucune fin, & que toutes les causes finales ne font que des fictions humaines. Il
suffit de prouver que cette doctrine ôte à
Dieu les perfections qu'on lui attribue.
C'est ce que nous allons faire voir.

Si Dieu agit pour une fin, soit pour lui-
même, soit pour quelque autre, il desire
ce qu'il n'a point, & il faudra convenir
qu'il y a un tems auquel Dieu n'ayant pas
l'objet pour lequel il agit, il a souhaité
de l'avoir : ce qui est faire un Dieu indi-
gent. Mais pour ne rien omettre de ce
qui peut appuyer le raisonnement de
ceux qui tiennent l'opinion contraire,
supposons par exemple qu'une pierre qui
se détache d'un bâtiment tombe sur une
personne & la tue, il faut bien, disent
nos ignorans, que cette pierre soit tombée à dessein de tuer cette personne, or
cela n'a pu arriver que parce que Dieu
l'a voulu. Si on leur répond que c'est
le vent qui a causé cette chûte dans le
tems que ce pauvre malheureux passoit,
ils vous demanderont d'abord pourquoi il
passoit précisément dans le moment que
le vent ébranloit cette pierre. Répli-
quez leur qu'il alloit dîner chez un de ses
amis qui l'en avoit prié, ils voudront savoir pourquoi cet ami l'avoit plutôt prié

dans ce tems-là que dans un autre ; ils vous feront ainſi une infinité de queſtions bizarres pour remonter de cauſes en cauſes & vous faire avouer que la ſeule volonté de Dieu qui eſt l'azile des ignorans, eſt la cauſe premiere de la chûte de cette pierre. De même lorſqu'ils voyent la ſtructure du corps humain, ils tombent dans l'admiration ; & de ce qu'ils ignorent les cauſes des effets qui leur paroiſſent ſi merveilleux, ils concluent que c'eſt un effet ſurnaturel auquel les cauſes qui nous ſont connues ne peuvent avoir aucune part. De-là vient que celui qui veut examiner à fond les œuvres de la création, & pénétrer en vrai Savant dans leurs cauſes naturelles ſans s'aſſervir aux préjugés formés par l'ignorance, paſſe pour un impie ou eſt bientôt décrié par la malice de ceux que le vulgaire reconnoît pour les interprêtes de la nature & des Dieux : ces ames mercénaires ſavent très-bien que l'ignorance qui tient le peuple dans l'étonnement, eſt ce qui les fait ſubſiſter & qui conſerve leur crédit.

§. 7.

Les hommes s'étant donc imbus de la ridicule opinion que tout ce qu'ils voyent

eſt fait pour eux, ſe ſont fait un point de
Religion d'appliquer tout à eux-mêmes,
& de juger du prix des choſes par le profit qu'ils en retirent. C'eſt là-deſſus
qu'ils ont formé les notions qui leur ſervent à expliquer la nature des choſes, à
juger du bien & du mal, de l'ordre &
du deſordre, du chaud & du froid, de la
beauté & de la laideur &c., qui dans le
fond ne ſont point ce qu'ils s'imaginent:
maîtres de former ainſi leurs idées, ils ſe
flatterent d'être libres; ils ſe crurent en
droit de décider de la louange & du blâ-
me, du bien & du mal; ils ont appellé
bien ce qui tourne à leur profit & ce qui
regarde le culte divin, & *mal* au contraire ce qui ne convient ni à l'un ni à l'autre : & comme les ignorans ne ſont capables de juger de rien, & n'ont aucune
idée des choſes que par le ſecours de l'i-
magination qu'ils prennent pour le jugement, ils nous diſent que l'on ne connoît
rien dans la nature, & ſe figurent un ordre particulier dans le monde. Enfin ils
croyent les choſes bien ou mal ordon-
nées, ſuivant qu'ils ont de la facilité ou
de la peine à les imaginer, quand les ſens
les leur repréſentent; & comme on s'ar-
rête volontiers à ce qui fatigue le moins
le cerveau, on ſe perſuade d'être bien
fondé

fondé à préférer l'ordre à la confufion, comme fi l'ordre étoit autre chofe qu'un pur effet de l'imagination des hommes. Ainfi, dire que Dieu a tout fait avec ordre, c'est prétendre que c'est en faveur de l'imagination humaine qu'il a créé le monde de la maniere la plus facile à être conçue par elle : ou, ce qui au fond eft la même chofe, que l'on connoît avec certitude les rapports & les fins de tout ce qui exifte, affertion trop abfurde pour mériter d'être réfutée férieufement.

§. 8.

Pour ce qui eft des autres notions, ce font de purs effets de la même imagination, qui n'ont rien de réel, & qui ne font que les différentes affections ou modes dont cette faculté eft fufceptible : quand, par exemple, les mouvemens que les objets impriment dans les nerfs, par le moyen des yeux, font agréables aux fens, on dit que ces objets font beaux. Les odeurs font bonnes ou mauvaifes, les faveurs douces ou ameres; ce qui fe touche dur ou tendre, les fons rudes ou agréables, fuivant que les odeurs, les faveurs & les fons frappent ou pénetrent les fens; c'eft d'après ces idées qu'il fe trouve des gens qui croyent que Dieu fe plaît

B

à la mélodie, tandis que d'autres ont cru
que les mouvemens céleſtes étoient un
concert harmonieux : ce qui marque bien
que chacun ſe perſuade que les choſes ſont
telles qu'il ſe les figure, ou que le monde
eſt purement imaginaire. Il n'eſt donc
point étonnant qu'il ſe trouve à peine
deux homme d'une même opinion & qu'il
y en ait même qui faſſent gloire de douter
de tout : car quoique les hommes ayent
un même corps, & qu'ils ſe reſſemblent
tous à beaucoup d'égards, ils different
néanmoins à beaucoup d'autres ; de là
vient que ce qui ſemble bon à l'un de-
vient mauvais pour l'autre, que ce qui
plaît à celui-ci déplaît à celui-là. D'où
il eſt aiſé de conclure que les ſentimens
ne different qu'en raiſon de l'organiſation
& de la diverſité des coexiſtances, que le
raiſonnement y a peu de part, & qu'enfin
les notions des choſes du monde ne ſont
qu'un pur effet de la ſeule imagination.

§. 9.

Il eſt donc évident que toutes les rai-
ſons dont le commun des hommes a coutume de ſe ſervir, lorſqu'il ſe mêle d'expliquer la nature, ne ſont que des façons
d'imaginer qui ne prouvent rien moins
que ce qu'il prétend ; l'on donne à ces idées

dés noms comme si elles existoient ailleurs que dans un cerveau prévenu; on devroit les appeller, non des êtres, mais de pures chimeres. A l'égard des argumens fondés sur ces notions, il n'est rien de plus aisé que de les réfuter, par exemple.

S'il étoit vrai, nous dit-on, que l'univers fût un écoulement & une suite nécessaire de la nature divine, d'où viendroient les imperfections & les défauts qu'on y remarque ? Cette objection se réfute sans nulle peine. On ne sauroit juger de la perfection & de l'imperfection d'un être qu'autant qu'on en connoît l'essence & la nature; & c'est s'abuser étrangément que de croire qu'une chose est plus ou moins parfaite suivant qu'elle plaît ou déplaît, & qu'elle est utile ou nuisible à la nature humaine. Pour fermer la bouche à ceux qui demandent pourquoi Dieu n'a point créé tous les hommes bons & heureux, il suffit de dire que tout est nécessairement ce qu'il est, & que dans la nature il n'y a rien d'imparfait puisque tout découle de la nécessité des choses.

§. 10.

Cela posé, si l'on demande ce que c'est que *Dieu*, je réponds que ce mot nous repréſente l'être univerſel dans lequel, pour parler comme Saint Paul, *nous avons la vie, le mouvement & l'être.* Cette notion n'a rien qui ſoit indigne de Dieu; car ſi tout eſt en Dieu, tout découle néceſſairement de ſon eſſence, & il faut abſolument qu'il ſoit tel que ce qu'il contient, puiſqu'il eſt incompréhenſible que des êtres tous matériels ſoient maintenus & contenus dans un être qui ne le ſoit point. Cette opinion n'eſt point nouvelle ; Tertullien, l'un des plus ſavans hommes que les Chrétiens ayent eu, a prononcé contre Apelles que ce qui n'eſt pas corps n'eſt rien, & contre Praxéas que toute ſubſtance eſt un (*) corps. Cette doctrine cependant n'a pas été condamnée dans les quatre premiers Conciles Oecuméniques ou généraux. (**)

(*) *Quis autem negabit Deum eſſe corpus, etſi Deus Spiritus? Spiritus etiam corporis ſui generis, in ſua effigie.* Tertul. adv. Prax. Cap. 7.

(**) Ces 4. premiers Conciles ſont 1°. celui de Nicée en 325. ſous Conſtantin & le Pape Sylveſtre. 2°. celui de Conſtantinople en 381. ſous Gratien, Valentinien & Théodoſe, & le Pape Damaſe I. 3°. celui d'Epheſe en 431. ſous Théodoſe le jeune & Valentinien, & le Pape Céleſtin. 4°. celui de Chalcédoine en 451. ſous Valentinien & Martian, & le Pape Léon I.

§. II.

Ces idées font claires, fimples & les feules mêmes qu'un bon efprit puiffe fe former de Dieu. Cependant il y a peu de gens qui fe contentent d'une telle fimplicité. Le Peuple groffier & accoutumé aux flatteries des fens demande un Dieu qui reffemble aux Rois de la terre. Cette pompe, ce grand éclat qui les environne l'éblouit de telle forte, que lui ôter l'idée d'un Dieu à-peu-près femblable à ces Rois, c'eft lui ôter l'efpérance d'aller après la mort groffir le nombre des courtifans céleftes pour jouir avec eux des mêmes plaifirs qu'on goûte à la Cour des Rois; c'eft priver l'homme de la feule confolation qui l'empêche de fe défefpérer dans les miferes de la vie. On dit qu'il faut un Dieu jufte & vengeur qui puniffe & récompenfe: on veut un Dieu fufceptible de toutes les paffions humaines: on lui donne des pieds, des mains, des yeux & des oreilles, & cependant on ne veut point qu'un Dieu conftitué de la forte ait rien de matériel. On dit que l'homme eft fon chef-d'œuvre & même fon image, mais on ne veut pas que la copie foit femblable à l'original. Enfin le Dieu du peuple d'aujourd'hui eft fujet à bien plus de formes que le Jupiter des Payens. Ce qu'il y a de plus étrange, c'est que plus ces notions se contredisent & choquent le bon sens, plus le vulgaire les révere, parcequ'il croit opiniâtrément ce que les Prophêtes en ont dit, quoique ces visionnaires ne fussent parmi les Hébreux que ce qu'étoient les augures & les devins chez les Payens. On consulte la Bible comme si Dieu & la nature s'y expliquoient d'une façon particuliere ; quoique ce livre ne soit qu'un tissu de fragmens cousus ensemble en divers tems, ramassés par diverses personnes, & publiés de l'aveu des Rabins qui ont décidé suivant leur fantaisie de ce qui devoit être approuvé ou rejetté selon qu'ils l'ont trouvé conforme ou opposé à la loi de Moyse. (*)

Telle est la malice & la stupidité des hommes. Ils passent leur vie à chicanner & persistent à respecter un livre où il n'y a gueres plus d'ordre que dans l'Alco-

(*) Le Talmud porte que les Rabins délibérerent s'ils ôteroient le Livre des Proverbes & celui de l'Ecclésiaste du nombre des Canoniques ; ils les laisserent parce qu'il y est parlé avec éloge de Moyse & de sa Loi. Les Prophéties d'Ezéchiel auroient été retranchées du Catalogue sacré si un certain Channine n'avoit entrepris de les concilier avec la même Loi.

ran de Mahomet, un livre, dis-je, que personne n'entend, tant il est obscur & mal conçu; un livre qui ne sert qu'à fomenter les divisions. Les Juifs & les Chrétiens aiment mieux consulter ce grimoire que d'écouter la Loi naturelle que Dieu, c'est-à-dire la Nature, entant qu'elle est le principe de toutes choses, a écrit dans le cœur des hommes. Toutes les autres loix ne font que des fictions humaines, & de pures illusions mises au jour, non par les Démons ou mauvais Esprits qui n'existerent jamais qu'en idée, mais par la politique des Princes & des Prêtres. Les premiers ont voulu par là donner plus de poids à leur autorité, & ceux-ci ont voulu s'enrichir par le débit d'une infinité de chimeres qu'ils vendent cher aux ignorans.

Toutes les autres loix qui ont succédé à celle de Moyse, j'entends les loix des Chrétiens, ne font appuyées que sur cette Bible dont l'original ne se trouve point, qui contient des choses furnaturelles & impossibles, qui parle de récompenses & de peines pour les actions bonnes ou mauvaises, mais qui ne font que pour l'autre vie, de peur que la fourberie ne soit découverte, nul n'en étant jamais revenu. Ainsi le peuple toujours flot-

tant entre l'efpérance & la crainte eft re-
tenu dans fon devoir par l'opinion qu'il a
que Dieu n'a fait les hommes que pour
les rendre éternellement heureux ou malheureux. C'eft-là ce qui a donné lieu à
une infinité de Religions.

CHAPITRE III.

Ce que fignifie ce mot RELIGION: com-
ment & pourquoi il s'en eft introduit
un fi grand nombre dans le monde.

§. I.

Avant que le mot *Religion* fe fût introduit dans le monde, on n'étoit obligé qu'à fuivre la loi naturelle, c'eft-à-
dire, à fe conformer à la droite raifon.
Ce feul inftinct étoit le lien auquel les
hommes étoient attachés; & ce lien, tout
fimple qu'il eft, les uniffoit de telle forte
que les divifions étoient rares. Mais dès
que la crainte eut fait foupçonner qu'il y
a des Dieux & des Puiffances invifibles,
ils éleverent des autels à ces êtres imagi-
naires, & fecouant le joug de la nature
& de la raifon, ils fe lierent par de vaines

cérémonies & par un culte superstitieux
aux vains phantômes de l'imagination.
C'est de là que dérive le mot de *Religion*
qui fait tant de bruit dans le monde. Les
hommes ayant admis des Puissances invisi-
bles qui avoient tout pouvoir sur eux, ils
les adorerent pour les fléchir, & de plus
ils s'imaginerent que la nature étoit un
être subordonné à ces Puissances. Dès
lors ils se la figurerent comme une masse
morte ou comme un esclave qui n'agis-
soit que suivant l'ordre de ces Puissances.
Dès que cette fausse idée eut frappé leur
esprit, ils n'eurent plus que du mépris
pour la nature & du respect que pour ces
êtres prétendus qu'ils nommerent leurs
Dieux. De là est venue l'ignorance où
tant de peuples sont plongés, ignorance
d'où les vrais savans les pourroient reti-
rer, quelque profond qu'en soit l'abîme,
si leur zêle n'étoit traversé par ceux
qui menent ces aveugles, & qui ne vivent
qu'à la faveur de leurs impostures.

Mais quoiqu'il y ait bien peu d'apparence de réussir dans cette entreprise, il
ne faut pas abandonner le parti de la vérité ; quand ce ne seroit qu'en considé-
ration de ceux qui se garantissent des
symptômes de ce mal, il faut qu'une ame
généreuse dise les choses comme elles

B 5

font. La vérité, de quelque nature qu'elle foit, ne peut jamais nuire, au lieu que l'erreur, quelque innocente & quelque utile même qu'elle paroiffe, doit néceffairement avoir à la longue des effets très-funeftes.

§. 2.

La crainte qui a fait les Dieux a fait auffi la Religion, & depuis que les hommes fe font mis en tête qu'il y avoit des Agens invifibles qui étoient caufe de leur bonne ou mauvaife fortune, ils ont renoncé au bon fens & à la raifon, & ils ont pris leurs chimeres pour autant de Divinités qui avoient foin de leur conduite. Après donc s'être forgé des Dieux ils voulurent favoir quelle étoit leur nature, & s'imaginant qu'ils devoient être de la même fubftance que l'ame, qu'ils croyoient reffembler aux phantômes qui paroîffent dans le miroir ou pendant le fommeil, ils crurent que leurs Dieux étoient des fubftances réelles, mais fi ténues & fi fubtiles que pour les diftinguer des Corps ils les appellerent *Efprits*, bien que ces Corps & ces Efprits ne foient en effet qu'une même chofe, & ne different que du plus au moins, puifqu'être *Efprit* ou *incorporel*, eft une chofe incompré-

henfible. La raifon eft que tout Efprit
a une figure qui lui eft (*) propre, &
qu'il eft renfermé dans quelque lieu, c'eft-
à-dire, qu'il a des bornes, & que par
conféquent c'eft un corps quelque fubtil
qu'on le fuppofe. (**)

§. 3.

Les Ignorans, c'eft-à-dire la plupart
des hommes, ayant fixé de cette forte la
nature de la fubftance de leurs Dieux,
tâcherent auffi de pénétrer par quels
moyens ces Agens invifibles produifoient
leurs effets; mais n'en pouvant venir à
bout, à caufe de leur ignorance, ils en
crurent leurs conjectures, jugeant aveuglément de l'avenir par le paffé : comme
fi l'on pouvoit raifonnablement conclure
de ce qu'une chofe eft arrivée autrefois de
telle & telle maniere, qu'elle arrivera,
ou qu'elle doive arriver conftamment de
la même maniere; furtout lorfque les circonftances & toutes les caufes qui influent
néceffairement fur les événemens & les
actions humaines, & qui en déterminent
la nature & l'actualité, font diverfes. Ils
envifagerent donc le paffé & en augure-

(*) *Voyez* le paffage de Tertullien cité pag. 24.
(**) *Voyez* Hobbes Leviathan *de homine* Cap.
12. pag. 56. 57. 58.

rent bien ou mal pour l'avenir , fuivant que la même entreprife avoit autrefois bien ou mal réuffi. C'eft ainfi que Phormion ayant défait les Lacédémoniens dans la bataille de Naupacte , les Athéniens après fa mort élurent un autre Général du même nom. Annibal ayant fuccombé fous les armes de Scipion l'Afriquain , à caufe de ce bon fuccès les Romains envoyerent dans la même Province un autre Scipion contre Céfar, ce qui ne réuffit ni aux Athéniens ni aux Romains : Ainfi plufieurs nations après deux ou trois expériences ont attaché aux lieux, aux objets & aux noms leurs bonnes ou leurs mauvaifes fortunes; d'autres fe font fervi de certains mots qu'ils appellent des enchantemens, & les ont cru fi efficaces qu'ils s'imaginoient par leur moyen faire parler les arbres, faire un homme ou un Dieu d'un morceau de pain , & métamorphofer tout ce qui paroiffoit devant eux (*).

§. 4.

L'Empire des Puiffances invifibles étant établi de la forte, les hommes ne les révérerent d'abord que comme leurs Sou-

(*) Hobbes Leviathan *de homine* Cap. 12. pag. 56. 57.

verains, c'eſt-à-dire, par des marques de
ſoumiſſion & de reſpect, tels que ſont
les préſens, les prieres &c. Je dis *d'abord*,
car la nature n'apprend point à uſer de
Sacrifices ſanglans en cette rencontre :
ils n'ont été inſtitués que pour la ſub-
ſiſtance des Sacrificateurs & des Miniſtres, deſtinés au ſervice de ces Dieux ima-
ginaires.

§. 5.

Ce germe de Religion (je veux dire
l'eſpérance & la crainte) fécondé par
les paſſions & opinions diverſes des hommes, a produit ce grand nombre de
croyances bizarres qui ſont les cauſes de
tant de maux & de tant de révolutions
qui arrivent dans les Etats.

Les honneurs & les grands revenus
qu'on a attachés au Sacerdoce, ou aux
Miniſtres des Dieux, ont flatté l'ambition & l'avarice de ces hommes ruſés
qui ont ſçu profiter de la ſtupidité des
Peuples ; ceux-ci ont ſi bien donné dans
leurs pieges qu'ils ſe ſont fait inſenſible-
ment une habitude d'encenſer le menſonge & de haïr la vérité.

§. 6.

Le menſonge étant établi, & les am-

bitieux épris de la douceur d'être élevés
au-deſſus de leurs ſemblables, ceux-ci
tâcherent de ſe mettre en réputation en
feignant d'être les amis des Dieux inviſibles que le vulgaire redoutoit. Pour y
mieux réuſſir chacun les peignit à ſa mode & prit la licence de les multiplier au
point qu'on en trouvoit à chaque pas.

§. 7.

La matiere informe du monde fut ap-
pellée le Dieu *Cahos.* On fit de même
un Dieu du *Ciel,* de la *Terre,* de la *Mer,*
du *Feu,* des *Vents* & des *Planettes.* On
fit le même honneur aux hommes & aux
femmes; les oiſeaux, les reptiles, le cro-
codile, le veau, le chien, l'agneau, le
ſerpent & le pourceau, en un mot toutes ſortes d'animaux & de plantes furent
adorés. Chaque fleuve, chaque fontaine
porta le nom d'un Dieu, chaque maiſon
eut le ſien, chaque homme eut ſon génie. Enfin tout étoit plein, tant deſſus
que deſſous la terre, de Dieux, d'Eſprits,
d'Ombres & de Démons. Ce n'étoit pas
encore aſſez de feindre des Divinités dans
tous les lieux imaginables; on eût cru
offenſer le *tems,* le *jour,* la *nuit,* la *con-
corde,* l'*amour,* la *paix,* la *victoire,* la
contention, la *rouille,* l'*honneur,* la *vertu,*

là *fièvre* & la *fanté*, on eût, dis-je, cru
faire outrage à de telles Divinités qu'on
penfoit toujours prêtes à fondre fur la tête des hommes, fi on ne leur eût élevé
des temples & des autels. Enfuite on s'a-
vifa d'adorer fon *génie*, que quelques-uns
invoquerent fous le nom de *Mufes* ; d'autres fous le nom de *Fortune* adorerent
leur propre ignorance. Ceux-ci fancti-
fièrent leurs débauches fous le nom de
Cupidon, leur colere fous celui de *Furies*,
leurs parties naturelles fous le nom de
Priape ; en un mot il n'y eut rien à quoi
ils ne donnaffent le nom d'un Dieu ou
d'un Démon (*).

§. 8.

Les fondateurs des Religions fentant
bien que la bafe de leurs impoftures étoit
l'ignorance des Peuples, s'aviferent de
les y entretenir par l'adoration des images
dans lefquelles ils feignirent que les Dieux
habitoient ; cela fit tomber fur leurs
Prêtres une pluye d'or & des Bénéfices
que l'on regarda comme des chofes fain-
tes parce qu'elles furent deftinées à l'ufage des miniftres facrés, & perfonne n'eut

(*) Hobbes ubi fuprà *de hominie* Cap. 12. pag. 58.

la témérité ni l'audace d'y prétendre, ni même d'y toucher. Pour mieux tromper le Peuple, les Prêtres se supposerent des Prophêtes, des Devins, des Inspirés capables de pénétrer dans l'avenir, ils se vanterent d'avoir commerce avec les Dieux ; & comme il est naturel de vouloir savoir sa destinée, ces imposteurs n'eurent garde d'omettre une circonstance si avantageuse à leur dessein. Les uns s'établirent à Délos, les autres à Delphes & ailleurs, où, par des oracles ambigus, ils répondirent aux demandes qu'on leur faisoit : les femmes même s'en mêloient ; les Romains avoient recours dans les grandes calamités aux Livres des Sybilles. Les fous passoient pour des inspirés. Ceux qui feignoient d'avoir un commerce familier avec les morts étoient nommés Nécromanciens ; d'autres prétendoient connoître l'avenir par le vol des oiseaux ou par les entrailles des bêtes. Enfin les yeux, les mains, le visage, un objet extraordinaire, tout leur sembloit d'un bon ou mauvais augure ; tant il est vrai que l'ignorance reçoit telle impression qu'on veut, quand on a trouvé le secret de s'en prévaloir. (*)

(*) Hobbes ubi suprà *de homine* Cap. 12. pag. 58. & 59.

§. 9.

§. 9.

Les ambitieux qui ont toujours été de grands maîtres dans l'art de tromper, ont suivi cette route lorsqu'ils donnerent des loix ; & pour obliger le peuple de se soumettre volontairement , ils lui ont persuadé qu'ils les avoient reçues d'un Dieu ou d'une Déesse.

Quoi qu'il en soit de cette multitude de Divinités , ceux chez qui elles ont été adorées , & qu'on nomme *Payens* , n'avoient point de système général de Religion. Chaque République , chaque Etat, chaque Ville & chaque particulier avoit ses rites propres & pensoit de la Divinité à sa fantaisie. Mais il s'est élevé par la suite des légiflateurs plus fourbes que les premiers , qui ont employé des moyens plus étudiés & plus surs en donnant des loix , des cultes , des cérémonies propres à nourrir le fanatisme qu'ils vouloient établir.

Parmi un grand nombre , l'Asie en a vû naître trois qui se font diftingués , tant par les loix & les cultes qu'ils ont institués, que par l'idée qu'ils ont donnée de la Divinité , & par la maniere dont ils s'y sont pris pour faire recevoir cette idée & rendre leurs loix sacrées. Moyse fut le plus ancien. Jésus-Christ venu depuis, travailla sur son plan & en conservant le fond de ses loix, il abolit le reste. Mahomet qui a paru le dernier sur la scène, a pris dans l'une & dans l'autre Religion de quoi composer la sienne, & s'est ensuite déclaré l'ennemi de toutes les deux. Voyons les caracteres de ces trois législateurs, examinons leur conduite, afin qu'on juge après cela lesquels sont les mieux fondés, ou ceux qui les réverent comme des hommes divins, ou ceux qui les traitent de fourbes & d'imposteurs.

§. 10.

De Moyse.

Le célebre Moyse petit-fils d'un grand Magicien (*) au rapport de Justin Martyr, eut tout les avantages propres à le rendre ce qu'il devint par la suite. Chacun sait que les Hébreux dont il se fit le chef, étoient une nation de Pasteurs, que le Roi Pharaon Osiris I. reçut en son

(*) Il ne faut pas entendre ce mot selon l'opinion vulgaire; car qui dit *Magicien* chez des gens raisonnables entend un homme adroit, un habile Charlatan, un subtil joueur de gibeciere dont tout l'art consiste dans la subtilité & l'adresse; & non en aucun pacte avec le Diable, comme le croit le vulgaire.

pays en confidération des fervices qu'il
avoit reçus de l'un d'eux dans le tems
d'une grande famine: il leur donna quelques terres à l'Orient de l'Egypte dans
une contrée fertile en pâturages & par
conféquent propre à nourrir leurs troupeaux ; pendant près de deux cens ans
ils fe multiplièrent confidérablement ,
foit , par ce qu'y étant confidérés comme étrangers , on ne les obligeât point
de fervir dans les armées, foit qu'à caufe
des privileges qu'Ofiris leur avoit accor-
dés , plufieurs naturels du pays fe joi-
gniffent à eux , foit enfin que quelques
bandes d'Arabes fuffent venues fe join-
dre à eux en qualité de leurs freres ; car
ils étoient d'une même race. Quoi qu'il
en foit, ils multiplièrent fi étonnamment
que ne pouvant plus tenir dans la contrée
de Goffen, ils fe répandirent dans toute
l'Egypte , & donnerent à Pharaon une
jufte raifon de craindre qu'ils ne fuffent
capables de quelques entreprifes dange-
reufes au cas que l'Egypte fût attaquée ,
(comme cela arrivoit alors affez fouvent)
par les Ethiopiens fes ennemis affidus:
ainfi une raifon d'Etat obligea ce Prince
à leur ôter leurs privileges, & à chercher les moyens de les affoiblir & de les
affervir.

Pharaon Orus , surnommé Busiris à cause de sa cruauté, lequel succéda à Memnon, suivit son plan à l'égard des Hébreux, & voulant éterniser sa mémoire par l'érection des Pyramides , & en bâtissant la ville de Thèbes, il condamna les Hébreux à travailler les briques, à la formation desquelles les terres de leur Pays étoient très-propres. C'est pendant cette servitude que naquit le célebre Moyse, la même année que le Roi ordonna qu'on jettât dans le Nil tous les enfans mâles des Hébreux, voyant qu'il n'y avoit pas de plus sûr moyen de faire périr cette Peuplade d'étrangers. Ainsi Moyse fut exposé à périr par les eaux dans un pannier enduit de bitume que sa mere plaça dans des joncs sur les bords du fleuve. Le hazard voulut que Thermutis, fille de Pharaon Orus, vînt se promener de ce côté-là, & qu'ayant ouï les cris de cet enfant, la compassion si naturelle à son sexe lui inspirât le desir de le sauver. Orus étant mort, Thermutis lui succéda, & Moyse lui ayant été présenté, elle lui fit donner une éducation telle qu'on pouvoit la donner à un fils de la Reine d'une nation alors la plus savante & la plus polie de l'univers. En un mot en disant *qu'il fut élevé dans toutes les scien-*

es des Egyptiens, c'eſt tout dire, & c'eſt nous préſenter Moyſe comme le plus grand Politique, le plus ſavant Naturaliſte, & le plus fameux Magicien de ſon tems : outre qu'il eſt fort apparent qu'il fut admis dans l'ordre des Prêtres. qui étoient en Egypte ce que les Druides étoient dans les Gaules. Ceux qui ne ſavent pas quel étoit alors le gouvernement de l'Egypte ne ſeront peut-être par fâchés d'apprendre que ſes fameuſes Dynaſties ayant pris fin, & tout le pays dépendant d'un ſeul Souverain, elle étoit diviſée alors en pluſieurs Contrées qui n'avoient pas une trop grande étendue. On nommoit Monarques les gouverneurs de ces contrées, & ces gouverneurs étoient ordinairement du puiſſant ordre des Prêtres qui poſſédoient près d'un tiers de l'Egypte. Le Roï nommoit à ces Monarchies : & ſi l'on en croit les auteurs qui ont écrit de Moyſe, en comparant ce qu'ils en ont dit avec ce que Moyſe en a lui-même écrit, on conclurra qu'il étoit Monarque de la contrée de Goſſen, & qu'il devoit ſon élévation à Thermutis, à qui il devoit auſſi la vie. Voilà quel fut Moyſe en Egypte, où il eut tout le temps & les moyens d'étudier les mœurs des Egyptiens & de ceux de ſa nation,

leurs paſſions dominantes, leurs inclinations; connoiſſances dont il ſe ſervit dans
la ſuite pour exciter la révolution dont
il fut le moteur.

Thermutis étant morte, ſon ſucceſſeur
renouvella la perſécution contre les Hébreux, & Moyſe déchu de la faveur où
il avoit été, eut peur de ne pouvoir juſ-
tifier quelques homicides qu'il avoit com-
mis; ainſi il prit le parti de fuir : il ſe
retira dans l'Arabie-Pétrée qui confine à
l'Egypte; le hazard l'ayant conduit chez
un chef de quelque Tribu du Pays, les
ſervices qu'il rendit & les talens que ſon
Maître crut remarquer en lui, lui méri-
terent ſes bonnes graces & une de ſes fil-
les en mariage. Il eſt à propos de remarquer ici que Moyſe étoit ſi mauvais
Juif, & qu'il connoiſſoit alors ſi peu le
redoutable Dieu qu'il imagina dans la
ſuite, qu'il épouſa une idolâtre, & qu'il
ne penſa pas ſeulement à circoncire ſes
enfans.

C'eſt dans les déſerts de cette Arabie
qu'en gardant les troupeaux de ſon beau-
pere & de ſon beau-frere, il conçut le
deſſein de ſe venger de l'injuſtice que le
Roi d'Egypte lui avoit faite, en portant
le trouble & la ſédition dans le cœur de
ſes Etats. Il ſe flattoit de pouvoir aiſé-

ment réuſſir, tant à cauſe de ſes talens ,
que par les diſpoſitions où il ſavoit trouver ceux de ſa nation , déjà irrités contre le gouvernement par les mauvais traitemens qu'on leur faiſoit éprouver.

Il paroît par l'hiſtoire qu'il a laiſſée
de cette révolution , ou du moins que
nous a laiſſée l'auteur des Livres qu'on
attribue à Moyſe , que Jethro ſon beau-
pere étoit du complot , auſſi bien que
ſon frere Aaron & ſa ſœur Marie , qui
étoit reſtée en Egypte & avec qui il avoit
ſans doute entretenu correſpondance.

Quoi qu'il en ſoit , on voit par l'exé-
cution qu'il avoit formé un vaſte plan en
bon politique , & qu'il ſçut mettre en
œuvre contre l'Egypte toute la ſcience
qu'il y avoit appriſe , je veux dire ſa
prétendue Magie : en quoi il étoit plus
ſubtil & plus habile que tous ceux qui
faiſoient métier des mêmes tours d'adreſ-
ſe à la Cour de Pharaon.

C'eſt par ces prétendus prodiges qu'il
gagna la confiance de ceux de ſa nation
qu'il fit ſoulever , & auxquels ſe joigni-
rent les mutins & mécontens Egyptiens,
Ethiopiens & Arabes. Enfin vantant la
puiſſance de ſa Divinité , les fréquens en-
tretiens qu'il avoit avec elle , & la faiſant intervenir dans toutes les meſures

qu'il prenoit avec les chefs de la révolte,
il les perſuada ſi bien qu'ils le ſuivirent
au nombre de ſix cens mille hommes
combattans, ſans les femmes & les enfans, à travers les déſerts de l'Arabie dont
il connoiſſoit tous les détours. Après ſix
jours de marche, dans une pénible re-
traite, il preſcrivit à ceux qui le ſui-
voient de conſacrer le ſeptieme à ſon Dieu
par un repos public, afin de leur faire
croire que Dieu le favoriſoit, qu'il ap-
prouvoit ſa domination; & afin que per-
ſonne n'eût l'audace de le contredire.

Il n'y eut jamais de Peuple plus ignorant que les Hébreux, ni par conſéquent
plus crédule. Pour être convaincu de
cette ignorance profonde, il ne faut que
ſe ſouvenir dans quel état ce Peuple étoit
en Egypte, lorſque Moyſe le fit révolter;
il étoit haï des Egyptiens à cauſe de ſa
profeſſion de Pâtres, perſécuté par le
Souverain, & employé aux travaux les
plus vils. Au milieu d'une telle Populace il ne fut pas bien difficile à Moyſe de
faire valoir ſes talens. Il leur fit accroire
que ſon Dieu (qu'il nomma quelquefois
ſimplement un *Ange*) le Dieu de leurs Pe-
res lui étoit apparu; que c'étoit par ſon
ordre qu'il prenoit ſoin de les conduire;
qu'il l'avoit choiſi pour les gouverner, &

qu'ils feroient le Peuple favori de ce Dieu, pourvu qu'ils cruffent ce qu'il leur diroit de fa part. L'ufage adroit de fes prefti-ges & de la connoiffance qu'il avoit de la nature, fortifia ces exhortations : & il confirmoit ce qu'il leur avoit dit par ce qu'on appelle des prodiges, qui font ca-pables de faire toujours beaucoup d'im-preffion fur la Populace imbécile.

On peut remarquer furtout qu'il crut avoir trouvé un moyen fûr de tenir les Hébreux foumis à fes ordres en leur per-fuadant que Dieu étoit luï-même leur conducteur, de nuit fous la figure d'une colonne de feu, & de jour fous la forme d'une Nuée. Mais auffi on peut prou-ver que ce fut-là la fourberie la plus gros-fiere de cet impofteur. Il avoit appris pendant le féjour qu'il avoit fait en Ara-bie que comme le Pays étoit vafte & in-habité, c'étoit la coutume de ceux qui voyageoient par troupes de prendre des guides qui les conduifoient la nuit par le moyen d'un brafier dont ils fuivoient la flamme, & de jour par la fumée du mê-me brafier, que tous les membres de la Caravane pouvoient découvrir, & par conféquent ne fe point égarer. Cette coutume étoit encore en ufage chez les Medes & les Affyriens ; Moyfe s'en fer-

vit & la fit paffer pour un miracle , &
pour une marque de la protection de fon
Dieu. Qu'on ne m'en croye pas quand
je dis que c'eft un fourbe : qu'on en
croye Moyfe lui-même qui au 10ᵉ. Chapitre des Nombres ℣. 19. jufqu'au 33ᵉ.
prie fon beau-frere Hobad de venir avec
les Ifraëlites afin qu'il leur montrât le
chemin parce qu'il connoiffoit le Pays.
Ceci eft démonftratif, car fi c'étoit Dieu
qui marchoit devant Ifraël nuit & jour
en nuée ou en colonne de feu , pouvoient-
ils avoir un meilleur guide ? Cependant
voilà Moyfe qui exhorte fon beau - frere
par les motifs les plus preffans à lui fervir de guide ; donc la Nuée & la colonne de feu n'étoit Dieu que pour le Peuple, & non pas pour Moyfe.

Les pauvres malheureux ravis de fe
voir adoptés par le Maître des Dieux au
fortir d'une cruelle fervitude , applaudi-
rent à Moyfe & jurerent de lui obéir a-
veuglément. Son autorité étant confirmée, il voulut la rendre perpétuelle, &
fous le prétexte fpécieux d'établir le culte de ce Dieu, dont il fe difoit le Lieu-
tenant, il fit d'abord fon frere & fes enfans chefs du Palais Royal, c'eft-à-dire,
du lieu où il trouvoit à propos de faire
rendre les oracles ; ce lieu étoit hors de-

la vue & de la préfence du Peuple. Enfuite il fit ce qui s'eft toujours pratiqué
dans les nouveaux établiſſemens, favoir,
des prodiges, des miracles dont les fimples étoient éblouis, quelques-uns étour-
dis, mais qui faifoient pitié à ceux qui
étoient pénétrans & qui lifoient au travers de ces impoſtures.

Quelque rufé que fût Moyfe, il eût
eu bien de la peine à fe faire obéir, s'il
n'avoit eu la force en main. La fourbe
fans les armes réuſſit rarement.

Malgré le grand nombre de dupes qui
fe foumettoient aveuglément aux volon-
tés de cet habile légiſlateur, il fe trouva
des perſonnes affez hardies pour lui re-
procher fa mauvaife foi en lui difant que
fous de fauſſes apparences de juſtice &
d'égalité, il s'étoit emparé de tout, que
l'autorité fouveraine étant attachée à fa
famille, nul n'avoit plus droit d'y prétendre, & qu'il étoit enfin moins le Pere
que le Tyran du peuple. Mais dans ces
occaſions Moyfe en profond politique
perdoit ces Efprits-forts & n'épargnoit
aucun de ceux qui blâmoient fon gouvernement.

C'eft avec de pareilles précautions &
en colorant toujours de la vengeance divine fes fupplices, qu'il regna en Defpo-

te abfolu ; & pour finir de la maniere qu'il avoit commencé, c'eft-à-dire, en fourbe & en impofteur, il fe précipita dans un abîme qu'il avoit fait creufer au milieu d'une folitude où il fe retiroit de tems en tems fous prétexte d'aller conférer fecrettement avec Dieu, afin de fe concilier par là le refpect & la foumiffion de fes fujets. Au refte il fe jetta dans ce précipice préparé de longue main afin que fon corps ne fe trouvât point & qu'on crût que Dieu l'avoit enlevé pour le rendre femblable à lui : il n'ignoroit pas que la mémoire des Patriarches qui l'avoient précédé, étoit en grande vénération, quoiqu'on eût trouvé leurs fépulchres, mais cela ne fuffifoit pas pour contenter une ambition comme la fienne : il falloit qu'on le révérât comme un Dieu fur qui la mort n'a point de prife. C'eft à quoi tendoit, fans doute, ce qu'il dit au commencement de fon regne : *qu'il étoit établi de Dieu pour être le Dieu de Pharaon.* Elie, à fon exemple, Romulus, Zamolxis, & tous ceux qui ont eu la fotte vanité d'éternifer leurs noms, ont caché le tems de leur mort pour qu'on les crût immortels.

§. 11.

Mais pour revenir aux légiſlateurs, il n'y en a point eu qui n'ayent fait émaner leurs loix (*) de quelques Divinités & qui n'ayent tâché de perſuader qu'ils étoient eux-mêmes quelque choſe de plus que de ſimples mortels. Numa Pompilius ayant goûté les douceurs de la ſolitude eut peine à la quitter, quoique ce fût pour remplir le trône de Romulus, mais s'y voyant forcé par les acclamations publiques, il profita de la dévotion des Romains, & leur inſinua qu'il converſoit avec les Dieux, qu'ainſi s'ils le vouloient abſolument pour leur Roi, ils devoient ſe réſoudre à lui obéir aveuglément, & obſerver religieuſement les loix & les inſtructions divines qui lui avoient été dictées par la Nymphe Egérie.

Alexandre le Grand n'eut pas moins de vanité; non content de ſe voir le maître du monde, il voulut qu'on le crût fils de Jupiter. Perſée prétendoit auſſi tenir ſa naiſſance du même Dieu & de la Vierge Danaé. Platon regardoit Apollon comme ſon Pere qui l'avoit eu d'une Vierge. Il y eut encore d'autres per-

* *Voyez* Hobbes, Leviathan: *de homine* cap. 12. pag. 59. & 60.

fonnages qui eurent la même folie : fans doute que tous ces grands hommes croyoient ces rêveries fondées fur l'opinion des Egyptiens qui foutenoient que l'efprit de Dieu pouvoit avoir commerce avec une femme.& la rendre féconde.

§. 12.

De Jéfus - Chrift.

Jéfus-Chrift qui n'ignoroit ni les maximes ni la fcience des Egyptiens, donna cours à cette opinion, il la crut propre à fon deffein. Confidérant combien Moyfe s'étoit rendu célèbre, quoiqu'il n'eût commandé qu'un Peuple d'ignorans, il entreprit de bâtir fur ce fondement, & fe fit fuivre par quelques imbéciles aufquels il perfuada que le St. Efprit étoit fon Pere, & fa Mere une Vierge : ces bonnes gens accoutumés à fe payer de fonges & de rêveries, adopterent fes notions & crurent tout ce qu'il voulut, d'autant plus qu'une pareille naiffance n'étoit pas véritablement quelque chofe de trop merveilleux pour eux (*).

(*) *Qu'un beau Pigeon à tire d'aile*
Vienne obombrer une Pucelle,
Rien n'eft furprenant en cela ;
L'on en vit autant en Lydie :
Et le beau Cigne de Léda
Vaut bien le Pigeon de Marie.

Etre donc né d'une Vierge par l'opé-
ration du Saint-Efprit, n'eft pas plus extraordinaire ni plus miraculeux que ce
que content les Tartares de leur Gengis-
kan dont une Vierge fut auffi la mere;
les Chinois difent que le Dieu Foé devoit
le jour à une Vierge rendue féconde par
les rayons du foleil.

Ce prodige arriva dans un tems où les
Juifs laffés de leur Dieu, comme ils l'a-
voient été de leur Juges (*), en vouloient
avoir un vifible comme les autres nations.
Comme le nombre des fots eft infini, Jéfus-Chrift trouva des Sujets par-tout ;
mais comme fon extrême pauvreté étoit
un obftacle invincible (**) à fon élévation, les Pharifiens, tantôt fes admira-
teurs, tantôt jaloux de fon audace, le
déprimoient ou l'élevoient felon l'humeur inconftante de la Populace. Le
bruit courut de fa Divinité, mais dénué
de forces comme il étoit, il étoit impoffi-
ble que fon deffein réuffît : quelques ma-
lades qu'il guérit, quelques prétendus

(*) 4ᵉ. Livre de Samuel Chap. 8. Les Ifraëlites mécontens des enfans de Samuel demandent
un Roi.

(**) Jéfus-Chrift étoit de la fecte des Pharifiens, c'eft-à-dire, des miférables, & ceux-là
étoient tous oppofés aux Saducéens qui formoient
la fecte des riches &c. *Voyez* le Talmud.

morts qu'il reſſuſcita, lui donnerent de la vogue : mais n'ayant ni argent ni armée, il ne pouvoit manquer de périr : s'il eût eu ces deux moyens, il n'eût pas moins réuſſi que Moyſe & Mahomet, ou que tous ceux qui ont eu l'ambition de s'élever au-deſſus des autres. S'il a été plus malheureux, il n'a pas été moins adroit, & quelques endroits de ſon hiſtoire prouvent que le plus grand défaut de ſa politique a été de n'avoir pas aſſez pourvu à ſa ſureté. Du reſte, je ne trouve pas qu'il ait plus mal pris ſes meſures que les deux autres ; ſa loi eſt au-moins devenue la regle de la croyance des Peuples qui ſe flattent d'être les plus ſages du monde.

§. 13.

De la Politique de Jéſus-Chriſt.

Eſt-il rien par exemple de plus ſubtil que la réponſe de Jéſus au ſujet de la femme ſurpriſe en adultere ? Les Juifs lui ayant demandé s'ils lapideroient cette femme, au lieu de répondre poſitivement à la queſtion, ce qui l'auroit fait tomber dans le piége que ſes ennemis lui tendoient, la négative étant directement contre la loi, & l'affirmative le convaincant de rigueur & de cruauté, ce qui lui lûi eût aliéné les efprits : au lieu, dis-je, de répartir comme eût fait un homme ordinaire, *que celui*, dit-il, *d'entre vous qui eft fans péché lui jette la premiere pierre.* Réponfe adroite & qui montre bien la préfence de fon efprit. Qu'une autre fois interrogé s'il étoit permis de payer le tribut à Céfar, & voyant l'image du Prince fur la piece qu'on lui montroit, il éluda la difficulté en répondant *qu'on eût à rendre à Céfar ce qui appartenoit à Céfar.* La difficulté confiftoit en ce qu'il fe rendoit criminel de Lèze-Majefté, s'il nioit que cela fût permis, & qu'en difant qu'il le falloit payer il renverfoit la loi de Moyfe ; ce qu'il protefta ne vouloir jamais faire, lorfqu'il fe crut, fans doute, trop foible pour le faire impunément ; car, quand il fe fut rendu plus célebre, il la renverfa prefque totalement : il fit comme ces Princes qui promettent toujours de confirmer les priviléges de leurs Sujets, pendant que leur puiffance n'eft pas encore bien établie, mais qui dans la fuite ne s'embarraffent point de tenir leurs promeffes.

Quand les Pharifiens lui demanderent de quelle autorité il fe mêloit de prêcher & d'enfeigner le peuple, Jéfus-Chrift pénétrant leur deffein qui ne tendoit qu'à

D

le convaincre de menfonge, foit qu'il ré-
pondît que c'étoit par une autorité humaine, parce qu'il n'étoit point du Corps
Sacerdotal qui feul étoit chargé de l'ins-
truction du peuple ; foit qu'il fe vantât
de prêcher par l'ordre exprès de Dieu,
fa doctrine étant oppofée à la Loi de
Moyfe ; il fe tira d'affaire en les embar-
raffant eux-mêmes & en leur demandant
au nom de qui Jean avoit baptifé ?

Les Pharifiens qui s'oppofoient par politique au Baptême de Jean , fe fuffent
condamnés eux-mêmes en avouant que c'é-
toit au nom de Dieu : s'ils ne l'avouoient
pas ils s'expofoient à la rage de la populace qui croyoit le contraire. Pour fortir de ce mauvais pas ils répondirent qu'ils
n'en favoient rien ; à quoi Jéfus-Chrift
répondit qu'il n'étoit pas obligé de leur
dire pourquoi & au nom de qui il prê-
choit.

§. 14.

Telles étoient les défaites du deftruc-
teur de l'ancienne Loi , & du pere de la
nouvelle Religion qui fut bâtie fur les
ruines de l'ancienne, où un efprit défintéreffé ne voit rien de plus divin que
dans les Religions qui l'ont précédé.
Son fondateur, qui n'étoit pas tout-à-

fait ignorant, voyant l'extrême corrup-
tion de la République des Juifs, la jugea
proche de fa fin, & crut qu'un autre devoit renaître de fes cendres.

La crainte d'être prévenu par des hommes plus adroits que lui, le fit hâter de
s'établir par des moyens oppofés à ceux
de Moyfe. Celui-ci commença par fe rendre terrible & formidable aux autres nations; Jéfus-Chrift au contraire les attira
à lui par l'efpérance des avantages d'une
autre vie que l'on obtiendroit, difoit-il,
en croyant en lui; tandis que Moyfe ne
promettoit que des biens temporels aux
obfervateurs de fa loi, Jéfus-Chrift en fit
efpérer qui ne finiroient jamais. Les
Loix de l'un ne regardoient que l'exté-
rieur, celles de l'autre vont jufqu'à l'in-
térieur, influent fur les penfées, & prennent en tout le contre-pied de la Loi de
Moyfe; d'où il s'enfuit que Jéfus-Chrift
crut avec Ariftote qu'il en eft de la Religion & des Etats comme de tous les in-
dividus qui s'engendrent & qui fe cor-
rompent; & comme il ne fe fait rien que
de ce qui s'eft corrompu, nulle Loi ne
cede à l'autre qui ne lui foit toute oppofée. Or comme on a de la peine à fe réfoudre de paffer d'une Loi à une autre,
& comme la plupart des efprits font diffi-

ciles à ébranler en matiere de Religion,
Jéfus-Chrift, à l'imitation des autres no-
vateurs, eut recours aux miracles qui ont
toujours été l'écueil des ignorans, & l'a-
zile des ambitieux adroits.

§. 15.

Par ce moyen le Chiftianifme étant
fondé, Jéfus-Chrift fongea habilement à
profiter des erreurs de la politique de
Moyfe, & à rendre fa nouvelle Loi éternelle, entreprife qui lui réuffit au delà,
peut-être, de fes efpérances. Les Prophêtes Hébreux penfoient faire honneur
à Moyfe en prédifant un Succeffeur qui
lui reffembleroit, c'eft-à-dire un Meffie
grand en vertus, puiffant en biens & terrible à fes ennemis ; cependant leurs Prophéties ont produit un effet tout contraire ; quantité d'ambitieux ayant pris de là
occafion de fe faire paffer pour le Meffie
annoncé, ce qui caufa des révoltes qui
ont duré jufqu'à l'entiere deftruction de
l'ancienne République des Hébreux.
Jéfus-Chrift plus habile que les Prophêtes Mofaïques, pour décréditer d'avance
ceux qui s'éléveroient contre lui, a prédit qu'un tel homme feroit le grand ennemi de Dieu, le favori des Démons,

l'affemblage de tous les vices & la défo-
lation du monde.

Après de fi beaux éloges, il paroît que
perfonne ne doit être tenté de fe dire
l'*Antechrift*, & je ne crois pas qu'on
puiffe trouver de meilleur fecret pour
éternifer une Loi, quoiqu'il n'y ait rien
de plus fabuleux que tout ce qu'on a dé-
bité de cet Antechrift prétendu. Saint
Paul difoit de fon vivant qu'il étoit déja
né, par conféquent qu'on étoit à la veille
de l'avénement de Jéfus-Chrift ; cependant il y a plus de 1600. ans d'écoulés
depuis la prédication de la naiffance de ce
formidable perfonnage, fans que perfonne en ait ouï parler. J'avoue que quelques-uns ont appliqué ces paroles à E-
bion & à Cérinthus, deux grands ennemis de Jéfus-Chrift, dont ils combatti-
rent la prétendue Divinité, mais on peut
dire auffi que fi cette interprétation eft
conforme au fens de l'Apôtre, ce qui
n'eft nullement croyable, ces paroles défi-
gnent dans tous les fiecles une infinité d'An-
techrifts, n'y ayant point de vrais favans qui
croyent bleffer la vérité en difant que
l'hiftoire de Jéfus-Chrift eft une (*) fa-

_____

(*) C'eft le jugement qu'en portoit le Pape
Léon X., comme il paroît par ce mot fi connu
& fi hardi dans un fiecle où l'efprit philofophique

ble méprifable & que fa Loi n'eſt qu'un
tiſſu de rêveries que l'ignorance a mis en
vogue, que l'intérêt entretient, & que
la tyrannie protege.

§. 16.

On prétend néanmoins qu'une Religion établie ſur des fondemens ſi foibles,
eſt divine & furnaturelle, comme ſi on
ne ſavoit pas qu'il n'y a point de gens
plus propres à donner cours aux plus ab-
ſurdes opinions que les femmes & les
idiots ; il n'eſt donc pas merveilleux que
Jéſus-Chriſt n'eût pas des ſavans à ſa ſuite, il ſavoit bien que ſa Loi ne pouvoit
s'accorder avec le bon ſens ; voilà ſans
doute pourquoi il déclamoit ſi ſouvent
contre les ſages qu'il exclut de ſon Royaume où il n'admet que les pauvres d'eſprit,
les ſimples & les imbécilles : Les eſprits
raiſonnables doivent ſe conſoler de n'avoir
rien à démêler avec des inſenſés.

§. 17.
De la Morale de Jéſus-Chriſt.

Quant à la morale de Jéſus-Chriſt,
avoit fait encore ſi peu de progrès. ,, On ſait
,, de tems immémorial, diſoit-il au Cardinal Bem-
,, bo, combien cette fable de Jéſus-Chriſt nous a
,, été profitable." *Quantum nobis noſtriſque ea de
Chriſto fabula profuerit, ſatis eſt ommibus ſeculis
notum.*

on n'y voit rien de divin qui la doive faire préférer aux écrits des anciens ; ou plutôt tout ce qu'on y voit en eſt tiré ou imité. St. Auguſtin (*) avoue qu'il a trouvé dans quelques-uns de leurs écrits tout le commencement de l'Evangile ſelon St. Jean : ajoutes à cela que l'on remarque que cet Apôtre étoit tellement accoutumé à pillez les autres qu'il n'a point fait difficulté de dérober aux Prophêtes leurs énigmes & leurs viſions, pour en compoſer ſon Apocalypſe. D'où vient, par exemple, la conformité qui ſe trouve entre la doctrine du Vieux & du Nouveau Teſtament & les écrits de Platon, ſinon de ce que les Rabins, & ceux qui ont compoſé les écritures, ont pillé ce grand homme ? La naiſſance du monde a plus de vraiſemblance dans ſon *Timée*, que dans le livre de la Génèſe ; cependant on ne peut pas dire que cela vienne de ce que Platon aura lu dans ſon voyage d'Egypte les livres Judaïques, puiſqu'au rapport de St. Auguſtin (†) le Roi Ptolomée ne les avoit pas encore fait traduire quand ce Philoſophe y voyagea.

La deſcription du Pays que Socrate fait à Simias dans le *Phædon*, a infiniment

(*) Confeſſions Liv. 7. Chap. 9. ℣. 20.
(†) Idem Ibidem.

plus de grace que le Paradis Terreſtre; & la fable des Androgynes (*) eſt ſans comparaiſon mieux trouvée que tout ce que nous apprenons de la Génèſe au ſujet de l'extraction de l'une des côtes d'Adam pour en former la femme &c. Y a-t-il encore rien qui ait plus de rapport aux deux embraſemens de Sodôme & de Gomorrhe que celui que cauſa Phaëton? Y a-t-il rien de plus conforme que la chûte de Lucifer & celle de Vulcain, ou celle des Géans abîmés par la foudre de Jupiter? Quelles choſes ſe reſſemblent mieux que Samſon & Hercule, Elie & Phaëton, Joſeph & Hypolite, Nabucodonoſor & Lycaon, Tantale & le mauvais Riche, la Manne des Iſraëlites & l'ambroſie des Dieux? Saint Auguſtin (†), St. Cyrille, & Théophilacte comparent Jonas à Hercule ſurnommé *Trinoctius*, parce qu'il fut trois jours & trois nuits dans le ventre de la Baleine.

Le fleuve de Daniel repréſenté au Chap. 7. de ſes Prophéties, eſt une imitation viſible du Pyriphlégéton dont il eſt parlé au dialogue de l'immortalité de l'ame. On a tiré le péché originel de la

(*) *Voyez* dans le Banquet de Platon, le Diſcours d'Ariſtophane.
(†) Cité de Dieu Liv. 1. Chap. 14.

boëte de Pandore, le Sacrifice d'Iſaac & de Jephté de celui d'Iphigénie en la place de laquelle une biche fut ſubſtituée. Ce qu'on rapporte de Loth & de ſa femme eſt tout-à-fait conforme à ce que la fable nous apprend de Baucis & de Philémon; l'hiſtoire de Perſée & de Bellérophon eſt le fondement de celle de St. Michel & du Démon qu'il vainquit; enfin il eſt conſtant que les auteurs de l'Ecriture ont tranſcrit preſque mot à mot les oeuvres d'Héſiode & d'Homere.

§. 18.

Quant à Jéſus-Chriſt, Celſe montroit au rapport d'Origene (*) qu'il avoit tiré de Platon ſes plus belles Sentences. Telle eſt celle qui porte *qu'un chameau paſſeroit plutôt par le trou d'une aiguille, qu'il n'eſt aiſé à un riche d'entrer dans le royaume de Dieu.* (†) C'eſt à la ſecte des Phariſiens dont il étoit, que ceux qui croyent en lui doivent la croyance qu'ils ont de l'immortalité de l'ame, de la réſurrection, de l'enfer, & la plus grande partie de ſa morale, où je ne vois rien qui ne ſoit dans celle d'Epictete, d'Epicure & de quantité d'autres; ce dernier étoit cité par St.

(*) Lib. 6. contre Celſe.
(†) Lib. 8. Chap. 4.

D 5

Jérôme (*) comme un homme dont la vertu faifoit honte aux meilleurs Chré‑tiens, & dont la vie étoit fi tempérante, que fes meilleurs repas n'étoient qu'un peu de fromage, du pain & de l'eau : Avec une vie fi frugale, ce Philofophe, tout Payen qu'il étoit, difoit qu'il valoit mieux être infortuné & raifonnable que d'être riche & opulent fans avoir de rai‑fon; ajoutant qu'il eft rare que la fortune & la fageffe fe trouvent réunies dans un même fujet, & qu'on ne fauroit être heu‑reux ni vivre fatisfait qu'autant que notre félicité eft accompagnée de prudence, de juftice & d'honnêteté, qui font les qua‑lités d'où réfulte la vraye & la folide vo‑lupté.

Pour Epictete, je ne crois pas que ja‑mais aucun homme, fans en excepter Jé‑fus-Chrift, ait été plus ferme, plus auf‑tere, plus égal, & ait eu une morale pra‑tique plus fublime que la fienne. Je ne dis rien qu'il ne me fût aifé de prouver fi c'en étoit ici le lieu, mais de peur de paffer les bornes que je me fuis prefcrites, je ne rapporterai des belles actions de fa vie qu'un feul exemple. Etant efclave d'un Affranchi, nommé Epaphrodite, Capitaine des Gardes de Néron, il prit

(*) Liv. 2. contre Jovinien Chap. 8.

fantaisie à ce brutal de lui tordre la jambe; Epictete s'appercevant qu'il y prenoit plaisir, lui dit en souriant qu'il voyoit bien que le jeu ne finiroit pas qu'il ne lui eût cassé la jambe; ce qui arriva comme il l'avoit prédit. *Eh bien!* continua-t-il d'un visage égal & riant, *ne vous avois-je pas bien dit que vous me casseriez la jambe?* Y eut-il jamais de constance pareille à celle-là? Et peut-on dire que Jésus-Christ ait été jusques-là, lui qui pleuroit & fuoit de peur à la moindre allarme qu'on lui donnoit, & qui témoigna, près de mourir, une pusillanimité tout-à-fait méprisable & que l'on ne vit point dans ses Martyrs.

Si l'injure des tems ne nous eût pas ravi le livre qu'Arrien avoit fait de la vie & de la mort de notre Philosophe, je suis persuadé que nous verrions bien d'autres exemples de sa patience. Je ne doute pas qu'on ne dise de cette action ce que les Prêtres disent des vertus des Philosophes, que c'est une vertu dont la vanité est la base, & qui n'est point en effet ce qu'elle paroît; mais je sais bien que ceux qui tiennent ce langage sont de ces gens qui disent en chaîre tout ce qui leur vient à la bouche, & croyent avoir bien gagné l'argent qu'on leur donne pour

Inſtruire le Peuple, quand ils ont déclamé contre les ſeuls hommes qui ſachent ce que c'eſt que la droite raiſon & la véritable vertu ; tant il eſt vrai que rien au monde n'approche ſi peu des mœurs des vrais Sages que les actions de ces hommes ſuperſtitieux qui les décrient ; ceux - ci ſemblent n'avoir étudié que pour parvenir à un poſte qui leur donne du pain, ils ſons vains & s'applaudiſſent quand ils l'ont obtenu, comme s'ils étoient parvenus à un état de perfection, bien qu'il ne ſoit pour ceux qui l'obtiennent, qu'un état d'oiſiveté, d'orgueil, de licence & de volupté, où la plûpart ne ſuivent rien moins que les maximes de la Religion qu'ils profeſſent. Mais laiſſons-là des gens qui n'ont aucune idée de la vertu réelle pour examiner la Divinité de leur Maître.

§. 19.

Après avoir examiné la politique & la morale du Chriſt où l'on ne trouve rien d'auſſi utile & d'auſſi ſublime que dans les écrits des anciens Philoſophes, voyons ſi la réputation qu'il s'eſt acquiſe après ſa mort eſt une preuve de ſa Divinité. Le Peuple eſt ſi accoutumé à la déraiſon que je m'étonne qu'on prétende tirer aucune conféquence de ſa conduite ;

l'expérience nous prouve qu'il court toujours après des phantômes, & qu'il ne
fait & ne dit rien qui marque du bon sens.
Cependant c'est sur de pareilles chimeres
qui ont été de tout tems en vogue, malgré les efforts des savans qui s'y sont toujours opposés, que l'on fonde sa croyance. Quelques soins qu'ils ayent pris pour
déraciner les folies regnantes, le Peuple
ne les a quittées qu'après en avoir été raf-
safié.

Moyse eut beau se vanter d'être l'in-
terprête de Dieu & prouver sa mission &
ses droits par des signes extraordinaires,
pour peu qu'il s'absentât (ce qu'il faisoit
de tems à autre pour conférer, disoit-il,
avec Dieu, & ce que firent pareillement
Numa Pompilius & plusieurs autres législateurs) pour peu, dis-je, qu'il s'absentât, il ne trouvoit à son retour que les
traces du culte des Dieux que les Hébreux avoient vus en Egypte. Il eut beau
les tenir 40. ans dans un désert pour leur
faire perdre l'idée des Dieux qu'ils avoient
quittés, ils ne les avoient pas encore ou-
bliés, ils en vouloient toujours de visibles
qui marchassent devant eux, ils les ado-
roient opiniâtrément, quelque cruauté
qu'on leur fît éprouver.

La seule haine qu'on leur inspira pour

les autres nations par un orgueil dont
les plus idiots font capables, leur fit perdre infenfiblement le fouvenir des Dieux
d'Egypte pour s'attacher à celui de Moyfe; on l'adora quelque tems avec toutes
les circonftances marquées dans la loi,
mais on le quitta par la fuite pour fuivre
celle de Jéfus-Chrift, par cette inconftan-
ce qui fait courir après la nouveauté.

§. 20.

Les plus ignorans des Hébreux avoient
adopté la Loi de Moyfe; ce furent auffi
de pareilles gens qui coururent après Jéfus; & comme le nombre en eft infini,
& qu'ils s'aiment les uns les autres, on
ne doit pas s'étonner fi fes nouvelles erreurs fe répandirent aifément. Ce n'eft
pas que les nouveautés ne foient dange-
reufes pour ceux qui les embraffent, mais
l'enthoufiafme qu'elles excitent anéantit
la crainte. Ainfi les Difciples de Jéfus-
Chrift tout miférables qu'ils étoient à fa
fuite & tout mourans de faim (comme on
le voit par la néceffité où ils furent un
jour avec leur conducteur d'arracher des
Épics dans les champs pour fe nourrir)
les difciples de Jéfus-Chrift, dis-je, ne
commencerent à fe décourager que lorfqu'ils virent leur Maître entre les mains

des bourreaux & hors d'état de leur donner les biens, la puissance & les grandeurs qu'il leur avoit fait espérer.

Après sa mort ses disciples au désespoir de se voir frustrés de leurs espérances firent de nécessité vertu; bannis de tous les lieux & poursuivis par les Juifs qui les vouloient traiter comme leur Maître, ils se répandirent dans les contrées voisines, où sur le rapport de quelques femmes ils débiterent sa résurrection, sa filiation Divine & le reste des fables dont les Evangiles sont si remplis.

La peine qu'ils avoient à réussir parmi les Juifs les fit résoudre à chercher fortune chez les Gentils, & à tenter s'ils ne seroient pas plus heureux parmi des étrangers, mais comme il falloit plus de science qu'ils n'en avoient, les Gentils étant Philosophes & par conséquent trop amis de la raison pour se rendre à des bagatelles, les Sectateurs de Jésus gagnerent un jeune homme (*) d'un esprit bouillant & actif, un peu mieux instruit que des pêcheurs sans lettres ou plus capable de faire écouter son babil ; celui-ci s'associant avec eux par un coup du ciel (car il falloit du merveilleux) attira quelques partisans à la secte naissante par la crainte

(*) St. Paul.

des prétendues peines d'un Enfer, imité des fables des anciens Poëtes, & par l'espérance des joyes du Paradis, où il eut l'impudence de faire dire qu'il avoit été enlevé.

Ces disciples, à force de prestiges & de mensonges, procurerent à leur Maître l'honneur de passer pour un Dieu, honneur auquel Jésus de son vivant n'avoit pu parvenir : son sort ne fut pas meilleur que celui d'Homere, ni même si honorable, puisque six des Villes qui avoient chassé & méprisé ce dernier pendant sa vie, se firent la guerre pour savoir à qui resteroit l'honneur de lui avoir donné le jour.

§. 21.

On peut juger par tout ce que nous avons dit que le Christianisme n'est comme toutes les autres Religions qu'une imposture grossiérement tissue, dont le succès & les progrès étonneroient même ses inventeurs s'ils revenoient au monde : mais sans nous engager plus avant dans un labyrinthe d'erreurs & de contradictions visibles dont nous avons assez parlé, disons quelque chose de Mahomet lequel a fondé une loi sur des maximes toutes opposées à celles de Jésus-Christ.

§. 22.

§. 22.

De Mahomet.

A peine les disciples du Christ avoient éteint la Loi Mosaïque, pour introduire la Loi Chrétienne, que les hommes entraînés par la force & par leur inconstance ordinaire, suivirent un nouveau législateur, qui s'éleva par les mêmes voyes que Moyse; il prit comme lui le titre de Prophête & d'Envoyé de Dieu; comme lui il fit des miracles, & sut mettre à profit les passions du peuple. D'abord il se vit escorté d'une populace ignorante, à laquelle il expliquoit les nouveaux Oracles du Ciel. Ces misérables séduits par les promesses & les fables de ce nouvel Imposteur, répandirent sa renommée & l'exalterent au point d'éclipser celle de ses Prédécesseurs.

Mahomet n'étoit pas un homme qui parût propre à fonder un Empire, il n'excelloit ni en Politique ni (*) en Phi-

(*) ,, Mahomet, dit le Comte de Boulainvilliers, étoit ignorant des Lettres vulgaires, je ,, le veux croire; mais il ne l'étoit pas assuré- ,, ment de toutes les connoissances qu'un grand ,, voyageur peut acquérir avec beaucoup d'esprit ,, naturel, lorsqu'il s'efforce de l'employer utile- ,, ment. Il n'étoit point ignorant dans sa propre ,, langue, dont l'usage, & non la lecture, lui

losophie; il ne savoit ni lire ni écrire. Il avoit même si peu de fermeté qu'il eût souvent abandonné son entreprise s'il n'eût été forcé à soutenir la gageûre par l'adresse d'un de ses sectateurs. Dès qu'il commença à s'élever & à devenir célebre, Coraïs, puissant Arabe, jaloux qu'un homme de néant eût l'audace d'abuser le peuple, se déclara son ennemi & traversa son entreprise; mais le Peuple persuadé que Mahomet avoit des conférences continuelles avec Dieu & ses Anges fit qu'il l'emporta sur son ennemi; la famille de Coraïs eut le dessous & Mahomet se voyant suivi d'une foule imbécille qui le croyoit un homme divin,

„ avoit appris toute la finesse & les beautés. Il „ n'étoit pas ignorant dans l'art de savoir rendre „ odieux ce qui est véritablement condamnable, „ & de peindre la vérité avec des couleurs simp„ ples & vives, qui ne permettent pas de la mé„ connoître. En effet, tout ce qu'il a dit est „ vrai, par rapport aux dogmes essentiels à la „ Religion; mais il n'a pas dit tout ce qui est „ vrai: & c'est en cela seul que notre Religion „ differe de la sienne". Il ajoute plus bas, „ que „ Mahomet n'a été ni grossier, ni barbare; qu'il „ a conduit son entreprise avec tout l'art, toute „ la délicatesse, toute la constance, l'intrépidité; „ les grandes vues dont Alexandre & César eus„ sent été capables dans sa place &c." *Vie de Mahomet par le Comte de Boulainvilliers* Liv. 2. pag. 266. 267. & 268. Edit. d'Amst. 1731.

crut n'avoir plus befoin de fon compag-
non : mais de peur que celui-ci ne décou-
vrît fes impoftures, il voulut le prévenir,
& pour le faire plus fûrement il l'accabla
de promeffes, & lui jura qu'il ne vouloit
devenir grand que pour partager avec lui
fon pouvoir auquel il avoit tant contribué. ,, Nous touchons, dit-il, au tems
,, de notre élévation : nous fommes furs
,, d'un grand Peuple que nous avons
,, gagné, il s'agit de nous affûrer de lui
,, par l'artifice que vous avez fi heureu-
,, fement imaginé.'' En même tems il
lui perfuada de fe cacher dans la foffe des
Oracles.

C'étoit un puits d'où il parloit pour
faire croire au Peuple que la voix de Dieu
fe déclaroit pour Mahomet qui étoit au
milieu de fes profélites. Trompé par les
careffes de ce perfide, fon affocié alla
dans la foffe contrefaire l'Oracle à fon ordinaire ; Mahomet paffant alors à la tête
d'une multitude infatuée, on entendit une
voix qui difoit : ,, Moi qui fuis votre Dieu,
,, je déclare que j'aï établi Mahomet pour
,, être le Prophète de toutes les nations ;
,, ce fera de lui que vous apprendrez ma
,, véritable loi que les Juifs & les Chré-
,, tiens ont altérée.'' Il y avoit longtems
que cet homme jouoit ce rôle, mais enfin

il fut payé par la plus grande & la plus noire ingratitude. En effet Mahomet entendant la voix qui le proclamoit un homme divin, se tournant vers le Peuple lui commanda, au nom de ce Dieu qui le reconnoissoit pour son Prophête, de combler de pierres cette fosse d'où étoit sorti en sa faveur un témoignage si autentique, en mémoire de la pierre que Jacob éleva pour marquer le lieu où Dieu lui étoit apparu. Ainsi périt le misérable qui avoit contribué à l'élévation de Mahomet; ce fut sur cet amas de pierres que le dernier des plus célebres imposteurs a établi sa loi : ce fondement est si solide & fixé de telle sorte qu'après plus de mille ans de regne on ne voit pas encore d'apparence qu'il soit sur le point d'être ébranlé.

§. 23.

Ainsi Mahomet s'éleva & fut plus heureux que Jésus, en ce qu'il vit avant sa mort le progrès de sa loi, ce que le fils de Marie ne put faire à cause de sa pauvreté. Il fut même plus heureux que Moyse qui par un excès d'ambition se précipita lui-même pour finir ses jours; Mahomet mourut en paix & au comble de ses souhaits, il avoit de plus quelque certitude que sa Doctrine subsisteroit a-

près fa mort, l'ayant accommodée au génie de fes fectateurs nés & élevés dans
l'ignorance; ce qu'un homme plus habile n'eût peut-être pu faire.

Voilà, lecteur ce qu'on peut dire de
plus remarquable touchant les trois célebres légiflateurs dont les Religions ont
fubjugué une grande partie de l'univers.
Ils étoient tels que nous les avons dé-
peints, c'eft-à-vous d'examiner s'ils méritent que vous les refpectiez, & fi vous
êtes excufable de vous laiffer conduire
par des guides que la feule ambition a
élevés & dont l'ignorance éternife les rêveries. Pour vous guérir des erreurs
dont ils vous ont aveuglés, lifez ce qui
fuit avec un efprit libre & défintéreffé,
ce fera le moyen de découvrir la vérité.

CHAPITRE IV.

Vérités fenfibles & évidentes.

§. I.

Moyfe, Jéfus & Mahomet étant tels
que nous venons de les peindre, il
eft évident que ce n'eft point dans leurs

écrits qu'il faut chercher une véritable idée de la divinité. Les aparitions & les conférences de Moyſe & de Mahomet, de même que l'origine divine de Jéſus, ſont les plus grandes impoſtures qu'on ait pu mettre au jour, & que vous devez fuir ſi vous aimez la vérité.

§. 2.

Dieu n'étant, comme on a vu, que la nature, ou, ſi l'on veut, l'aſſemblage de tous les êtres, de toutes les propriétés & de toutes les énergies, eſt néceſſairement la cauſe immanente & non diſtincte de ſes effets ; il ne peut-être appellé ni bon, ni méchant, ni juſte, ni miſéricordieux, ni jaloux ; ce ſont des qualités qui ne conviennent qu'à l'homme ; par conſéquent il ne ſauroit ni punir ni récompenſer. Cette idée de punitions & de récompenſes ne peut ſéduire que des ignorans, qui ne conçoivent l'être ſimple, qu'on nomme *Dieu*, que ſous des images qui ne lui conviennent nullement ; ceux qui ſe ſervent de leur jugement, ſans confondre ſes opérations avec celles de l'imagination, & qui ont la force de ſe défaire des préjugés de l'enfance, ſont les ſeuls qui s'en faſſent une idée claire & diſtincte. Ils l'enviſagent comme la ſource de tous les êtres, qui les produit sans distinction, les uns n'étant pas préférables aux autres à son égard, & l'homme ne lui coûtant pas plus à produire que le plus petit vermisseau ou la moindre plante.

§. 3.

Il ne faut donc pas croire que l'être universel qu'on nomme communément *Dieu* fasse plus de cas d'un homme que d'une fourmi, d'un lion plus que d'une pierre; il n'y a rien à son égard de beau ou de laid, de bon ou de mauvais, de parfait ou d'imparfait. Il ne s'embarrasse point d'être loué, prié, recherché, caressé; il n'est point ému de ce que les hommes font ou disent; il n'est susceptible ni d'amour ni de haine (*); en un mot il ne s'occupe pas plus de l'homme que du reste des créatures, de quelque nature qu'elles soient. Toutes ces distinctions ne font que des inventions d'un

---

* *Omnis enim per se divûm natura necesse est*
  Immortali ævo summa cum pace fruatur,
  Semota ab nostris rebus, sejunctaque longè;
  Nam privata dolore omni, privata periclis,
  Ipsa suis pollens opibus : nihil indiga Nostri,
  Nec bene pro meritis capitur, nec tangitur irâ.
  Lucret. *de rerum nat.* Lib. I. vf. 57. & seqq.

esprit borné; l'ignorance les imagina & l'intérêt les fomente.

§. 4.

Ainsi tout homme sensé ne peut croire ni Dieux, ni Enfer, ni Esprits, ni Diables, de la maniere qu'on en parle communément. Tous ces grands mots n'ont été forgés que pour éblouir ou intimider le vulgaire. Que ceux donc qui veulent se convaincre encore mieux de cette vérité prêtent une sérieuse attention à ce qui suit, & s'accoutument à ne porter des jugemens qu'après de mûres réflexions.

§. 5.

Une infinité d'astres que nous voyons au-dessus de nous, ont fait admettre autant de corps solides où ils se meuvent, parmi lesquels il y en a un destiné à la Gour Céleste, où Dieu se tient comme un Roi au milieu de ses Courtisans. Ce lieu est le séjour des Bienheureux où l'on suppose que les bonnes ames vont se rendre en quittant le corps. Mais sans nous arrêter à une opinion si frivole & que nul homme de bon sens ne peut admettre, il est certain que ce que l'on appelle *Ciel* n'est autre chose que la continuation de l'air qui nous environne, fluide dans lequel les Planetes se meuvent, sans être soutenues par aucune masse solide, de même que la terre que nous habitons.

§. 6.

Comme l'on a imaginé un Ciel dont on a fait le séjour de Dieu & des Bienheureux, ou, suivant les Payens, des Dieux & des Déesses, on s'est depuis figuré, comme eux, un *Enfer* ou lieu souterrain, où l'on assure que les ames des méchans descendent pour y être tourmentées : mais ce mot d'Enfer dans sa signification naturelle, n'exprime autre chose qu'un lieu bas & creux, que les Poëtes ont inventé pour opposer à la demeure des habitans célestes, qu'ils ont supposée haute & élevée. Voilà ce que signifient exactement les mots *infernus* ou *inferi* des Latins, ou celui des Grecs Ἀδῆς, c'est-à-dire, lieu obscur tel qu'un sépulchre, ou tout autre lieu profond & redoutable par son obscurité. Tout ce qu'on en dit n'est que l'effet de l'imagination des Poëtes & de la fourberie des Prêtres ; tous les discours des premiers sont figurés & propres à faire impression sur des esprits foibles, timides & mélancoliques; ils furent changés en articles de foi par ceux qui ont le plus grand intérêt à foutenir cette opinion.

CHAPITRE V.

De l'Ame.

§ I.

L'Ame eft quelque chofe de plus dé- licat à traiter que ne font le Ciel & l'Enfer; il eft donc à propos pour fa- tisfaire la curiofité du Lecteur d'en par- ler avec plus d'étendue : mais avant que de la définir , il faut expofer ce qu'en ont penfé les plus célebres Philofophes ; je le ferai en peu de mots, afin qu'on le retienne avec plus de facilité.

§. 2.

Les uns ont prétendu que l'ame eft un *Efprit* ou une fubftance immatérielle, d'autres ont foutenu que c'eft une por- tion de la divinité ; quelques-uns en font un air très-fubtil ; d'autres difent que c'eft une harmonie de toutes les parties du corps ; enfin d'autres , que c'eft la plus fubtile partie du fang qui s'en fépare dans le cerveau , & se distribue par les nerfs ; cela posé , la source de l'ame est le cœur où elle s'engendre ; & le lieu où elle exerce ses plus nobles fonctions est le cerveau, vû qu'elle y est plus épurée des parties grossieres du sang. Voilà quelles font les opinions diverses que l'on s'est faites sur l'ame. Cependant pour les mieux développer, divisons-les en deux classes. Dans l'une seront les Philosophes qui l'ont crue corporelle, dans l'autre ceux qui l'ont regardée comme incorporelle.

§. 3.

Pithagore & Platon ont avancé que l'ame étoit incorporelle, c'est-à-dire, un être capable de subsister sans l'aide du corps & qui peut se mouvoir de lui-même. Ils prétendent que toutes les ames particulieres des animaux font des portions de l'ame universelle du monde, que ces portions font incorporelles & immortelles, ou de la même nature qu'elle, comme l'on conçoit fort bien que cent petits feux font de même nature qu'un grand feu d'où ils ont été pris.

§. 4.

Ces Philosophes ont cru que l'univers

étoit animé par une fubftance immatérielle, immortelle & invifible, qui fait
tout, qui agit toujours, & qui eft la
caufe de tout mouvement, & la fource
de toutes les ames qui en font des éma-
nations. Or comme ces ames font très-
pures & d'une nature infiniment fupé-
rieure au corps, elles ne s'uniffent pas,
difent-ils, immédiatement, mais par le
moyen d'un corps fubtil comme la flamme, ou de cet air fubtil & étendu que le
vulgaire prend pour le Ciel. Enfuite elles prennent un corps encore moins fubtil, puis un autre un peu moins groffier,
& toujours ainfi par dégrés jufqu'à ce
qu'elles puiffent s'unir aux corps fenfibles
des animaux où elles defcendent comme
dans des cachots ou des fépulchres. La
mort du corps, felon eux, eft la vie de
l'ame qui s'y trouvoit comme enfévelie,
& où elle n'exerçoit que foiblement fes
plus nobles fonctions; ainfi par la mort
du corps l'ame fort de fa prifon, fe déba-
raffe de la matiere, & fe réunit à l'ame
du monde dont elle étoit émanée.

Ainfi, fuivant cette opinion, toutes
les ames des animaux font de même nature, & la diverfité de leurs fonctions ou
facultés ne vient que de la différence des
corps où elles entrent.

Ariſtote (*) admet une intelligence univerſelle commune à tous les êtres & qui fait à l'égard des intelligences particulieres ce que fait la lumiere à l'égard des yeux ; & comme la lumiere rend les objets viſibles, l'entendement univerſel rend ces objets intelligibles.

Ce Philoſophe définit l'ame ce qui nous fait vivre, ſentir, concevoir & mouvoir ; mais il ne dit point quel eſt cet être, qui eſt la ſource & le principe de ſes nobles fonctions, & par conſéquent ce n'eſt point chez lui qu'il faut chercher l'éclairciſſement des doutes que l'on a ſur la nature de l'ame.

§. 5.

Dicéarque, Aſclépiade, & Galien à quelques égards, ont auſſi cru que l'ame étoit incorporelle, mais d'une autre maniere ; car ils ont dit que l'ame n'eſt autre choſe que l'harmonie de toutes les parties du corps, c'eſt-à-dire, ce qui réſulte d'un mêlange exact des élémens & de la diſpoſition des parties, des humeurs & des eſprits. Ainſi, diſent-ils, comme la ſanté n'eſt point une partie de celui qui ſe porte bien quoiqu'elle ſoit en lui, de

(*) *Voyez* le Dictionnaire de Bayle. Art. *Averroës.*

même, quoique l'ame soit dans l'animal, ce n'est point une de ses parties, mais l'accord de toutes celles dont il est composé.

Surquoi il est à remarquer que ces auteurs croyent l'ame incorporelle, sur un principe tout opposé à leur intention; car dire qu'elle n'est point un corps, mais seulement quelque chose d'inséparablement attaché au corps, c'est dire qu'elle est corporelle, puisqu'on appelle corporel non-seulement ce qui est corps, mais tout ce qui est forme ou accident, ou ce qui ne peut être séparé de la matiere.

Voilà les Philosophes qui soutiennent que l'ame est incorporelle ou immatérielle; on voit qu'ils ne font pas d'accord avec eux-mêmes, & par conséquent qu'ils ne méritent point d'être crus.

Passons à ceux qui ont avoué qu'elle est corporelle ou matérielle.

§. 6.

Diogène a cru que l'ame est composée d'air, d'où il a dérivé la nécessité de respirer, & il la définit un air qui passe de la bouche par les poulmons dans le cœur, où il s'échauffe, & d'où il se distribue ensuite dans tout le corps.

Leucippe & Démocrite ont dit qu'elle

étoit de feu, & que, comme le feu, elle étoit compofée d'atômes qui pénetrent aifément toutes les parties du corps & qui le font mouvoir.

Hypocrate a dit qu'elle étoit compo-fée d'eau & de feu; Empedocle des qua-tre Elémens. Epicure a cru, comme Démocrite, que l'ame eft compofée de feu, mais il ajoute que dans cette com-pofition il entre de l'air, une vapeur & une autre fubftance qui n'a point de nom, & qui eft le principe du fentiment; que de ces quatre fubftances différentes, il fe fait un efprit très-fubtil qui fe répand par tout le corps & qui doit s'appeller *l'ame*.

Defcartes foutient auffi, mais pitoya-blement, que l'ame n'eft point matériel-le; je dis *pitoyablement*, car jamais Philo-fophe ne raifonna fi mal fur ce fujet que ce grand homme; & voici de quelle fa-çon il s'y prend. D'abord il dit qu'il faut douter de l'exiftence de fon corps, croire qu'il n'y en a point, puis raifonner de cette maniere: *Il n'y a point de corps : je fuis pourtant : donc je ne fuis pas un corps ; par conféquent je ne puis être qu'une fubftan-ce qui penfe.* Quoique ce beau raifonne-ment fe détruife affez de lui-même, je

dirai néanmoins en deux mots quel est
mon sentiment.

1°. Ce doute que M. Descartes propose est totalement impossible, car quoiqu'on pense quelquefois ne point penser
qu'il y ait des corps, il est vrai néanmoins
qu'il y en a quand on y pense.

2°. Quiconque croit qu'il n'y a point
de corps, doit être assuré qu'il n'en est
pas un, nul ne pouvant douter de soi-
même, ou s'il en est assuré, son doute
est donc inutile.

3°. Lorsqu'il dit que l'ame est une substance qui pense, il ne nous apprend rien
de nouveau. Chacun en convient, mais
la difficulté est de déterminer ce que c'est
que cette substance qui pense, & c'est
ce qu'il ne fait pas plus que les autres.

§. 7.

Pour ne point biaiser comme il a fait
& pour avoir la plus saine idée qu'on
puisse se former de l'ame de tous les animaux, sans en excepter l'homme qui est
de la même nature, & qui n'exerce des
fonctions différentes que par la diversité
seule des organes & des humeurs, il faut
faire attention à ce qui suit.

Il est certain qu'il y a dans l'Univers
un

un fluide très-subtil ou une matiere très-déliée & toujours en mouvement dont la source est dans le soleil, le reste est répandu dans les autres corps plus ou moins selon leur nature ou leur consistance. Voilà ce que c'est que l'ame du monde; voilà ce qui le gouverne & le vivifie, & dont quelque portion est distribuée à toutes les parties qui le composent.

Cette ame est le feu le plus pur qui soit dans l'univers. Il ne brûle pas de soi-même, mais par différens mouvemens qu'il donne aux particules des autres corps où il entre, il brûle & fait ressentir sa chaleur. Le feu visible contient plus de cette matiere que l'air, celui-ci plus que l'eau, & la terre en a beaucoup moins; les plantes en ont plus que les minéraux, & les animaux encore davantage. Enfin ce feu renfermé dans le corps le rend capable de sentiment, & c'est ce qu'on appelle l'*ame*, ou ce qu'on nomme les *esprits animaux*, qui se répandent dans toutes les parties du corps. Or il est certain que cette ame étant de même nature dans tous les animaux, se dissipe à la mort de l'homme ainsi qu'à celle des bêtes. D'où il suit que ce que les Poëtes & les Théologiens nous disent de

F

l'autre monde eft une chimere qu'ils ont enfantée & débitée pour des raifons qu'il eft aifé de deviner.

CHAPITRE VI.

Des Efprits qu'on nomme Démons.

§. 1.

Nous avons dit ailleurs comment la notion des Efprits s'eft introduite parmi les hommes, & nous avons fait voir que ces Efprits n'étoient que des Phantômes qui n'exiftent que dans leur propre imagination.

Les premiers docteurs du genre humain n'étoient pas affez éclairés pour expliquer au Peuple ce que c'étoit que ces Phantômes, mais ils ne laiffoient pas de lui dire ce qu'ils en penfoient. Les uns voyant que les Phantômes fe diffipoient, & n'avoient nulle confiftance les appelloient *immatériels, incorporels,* des formes fans matiere, des couleurs & des figures, fans être néanmoins des corps ni colorés

ni figurés, ajoutant qu'ils pouvoient se
revêtir d'air comme d'un habit lorsqu'ils
vouloient se rendre visibles aux yeux des
hommes. Les autres disoient que c'étoit
des corps animés, mais qu'ils étoient
faits d'air ou d'une autre matiere plus sub-
tile, qu'ils épaisissoient à leur gré lorsqu'ils vouloient paroître.

§. 2.

Si ces deux sortes de Philosophes é-
toient opposés dans l'opinion qu'ils a-
voient des Phantômes, ils s'accordoient
dans les noms qu'ils leur donnoient, car
tous les appelloient *Démons* ; en quoi ils
étoient aussi insensés, que ceux qui
croyent voir en dormant les ames des personnes mortes, & que c'est leur propre
ame qu'ils voyent quand ils se regar-
dent dans un miroir, ou enfin qui
croyent que les Etoiles qu'on voit dans
l'eau sont les ames des Etoiles. D'après
cette opinion ridicule ils tomberent dans
une erreur qui n'est pas moins absurde,
lorsqu'ils crurent que ces Phantômes a-
voient un pouvoir illimité, notion desti-
tuée de raison, mais ordinaire aux ignorans, qui s'imaginent que les Etres qu'ils

ne connoiſſent pas ont une puiſſance mer-
veilleuſe.

§. 3.

Cette ridicule opinion ne fut pas plutôt divulguée que les Légiſlateurs s'en
ſervirent pour appuyer leur autorité. Ils
établirent la croyance des Eſprits qu'ils
appellerent *Religion*, eſpérant que la crainte que le peuple auroit de ces puiſſances
inviſibles le retiendroit dans ſon devoir;
& pour donner plus de poids à ce dog-
me ils diſtinguerent les *Eſprits* ou *Démons* en bons & mauvais : les uns furent
deſtinés à exciter les hommes à obſerver
leurs loix, les autres à les retenir & à les
empêcher de les enfreindre.

Pour ſavoir ce que c'eſt que les Démons, il ne faut que lire les Poëtes Grecs
& leurs Hiſtoires, & ſur-tout ce qu'en
dit Héſiode dans ſa Théogonie où il traite amplement de la génération & de l'o-
rigine des Dieux.

§. 4.

Les Grecs ſont les premiers qui les
ont inventés ; de chez eux ils ont paſſé
par le moyen de leurs colonies dans l'A-
ſie, dans l'Egypte & l'Italie. C'eſt là où

les Juifs qui étoient difperfés à Alexan-
drie & ailleurs en ont eu connoiffance.
Ils s'en font heureufement fervis comme
les autres peuples, mais avec cette différence qu'ils n'ont pas nommé *Démons*,
comme les Grecs, les bons & les mauvais Efprits indifféremment, mais feule-
ment les mauvais, réfervant au feul bon
Démon le nom d'*Efprit*, de *Dieu*, & ap-
pellant *Prophètes* ceux qui étoient infpirés
par le bon Efprit; de plus, ils regardoient
comme des effets de l'Efprit Divin, tout
ce qu'ils regardoient comme un grand
bien, & comme effets du *Caco-Démon* ou
Efprit malin tout ce qu'ils eftimoient un
grand mal.

§. 5.

Cette diftinction du bien & du mal
leur fit appeller *Démoniaques* ceux que
nous nommons *Lunatiques*, *Infenfés*, *Fu-
rieux*, *Epileptiques*; comme auffi ceux
qui parloient un langage inconnu. Un
homme mal fait & mal propre étoit, à
leur avis, poffédé d'un Efprit immonde;
un muet l'étoit d'un Efprit muet. Enfin les mots d'*Efprit* & de *Démon* leur
devinrent fi familiers qu'ils en parloient
en toute rencontre : d'où il eft clair que

les Juifs croyoient, comme les Grecs,
que les Esprits ou Phantômes n'étoient
pas de pures chimeres, ni des visions,
mais des êtres réels indépendans de l'imagination.

§. 6.

De là vient que la Bible est toute rem-
plie de contes sur les Esprits, les Démons, & les Démoniaques; mais il n'y
est dit nulle part comment & quand ils
furent créés, ce qui n'est gueres pardon-
nable à Moyse qui s'est, dit-on, mêlé de
parler de la création du Ciel & de la
Terre. Jésus qui parle assez souvent
d'Anges & d'Esprits bons & mauvais ne
nous dit pas non plus s'ils sont matériels
ou immatériels. Cela fait voir que tous
les deux ne savoient que ce que les Grecs
en avoient appris à leurs ancêtres. Sans
cela Jésus-Christ ne seroit pas moins
blâmable de son silence que de sa malice à refuser à tous les hommes la grace, la foi & la piété qu'il assure leur
pouvoir donner.

Mais pour revenir aux Esprits, il est
certain que ces mots *Démon*, *Satan*,
Diable, ne sont point des noms propres
qui désignent quelque individu, & qu'il

n'y eut jamais que les ignorans qui y crurent, tant parmi les Grecs qui les in-
venterent, que parmi les Juifs qui les
adopterent: depuis que ces derniers furent infectés de ces idées, ils approprierent
ces noms qui fignifient *ennemi*, *accufateur*
& *exterminateur*, tantôt aux Puiffances
invifibles, tantôt aux vifibles, c'eft-à-
dire aux Gentils qu'ils difoient habiter le
Royaume de Satan, n'y ayant qu'eux,
dans leur opinion, qui habitaffent celui
de Dieu.

§. 7.

Comme Jéfus-Chrift étoit Juif & par
conféquent fort imbu de ces opinions, il
ne faut pas s'étonner fi l'on rencontre
fouvent dans fes Evangiles & dans les
écrits de fes difciples, ces mots de *Diable*, de *Satan*, d'*Enfer*, comme fi c'étoit
quelque chofe de réel ou d'effectif. Cependant il eft très-évident, comme nous
l'avons déjà fait obferver, qu'il n'y a rien
de plus chimérique ; & quand ce que
nous avons dit ne fuffiroit pas pour le
prouver, il ne faut que deux mots pour
convaincre les opiniâtres.

Tous les Chrétiens demeurent d'accord que Dieu eft la fource de toutes

F 4

ehofes, qu'il les a créées, qu'il les conferve, & que fans fon fecours elles tom-
beroient dans le néant; fuivant ce principe il eft certain qu'il a créé ce qu'on
appelle le *Diable* ou *Satan*. Or foit qu'il
l'ait créé bon ou mauvais (ce dont il ne
s'agit point ici) il eft inconteftablement
l'ouvrage du premier Principe; s'il fub-
fifte tout méchant qu'il eft, comme on
le dit, ce ne peut être que par la volonté de Dieu. Or comment eft-il poffible de concevoir que Dieu conferve une
créature, qui non-feulement le hait mor-
tellement & le maudit fans ceffe, mais
qui s'efforce encore de lui débaucher fes
amis pour avoir le plaifir de le mortifier?
Comment, dis-je, eft-il poffible que
Dieu laiffe fubfifter ce Diable pour lui
faire à lui-même tout le chagrin qu'il
peut, pour le détrôner s'il étoit en fon
pouvoir, & pour détourner de fon fervi-
ce fes Favoris & fes Elus?

Quel eft ici le but de Dieu, ou plutôt
que nous veut-on dire en nous parlant du
Diable & de l'Enfer? Si Dieu peut tout
& qu'on ne puiffe rien fans lui, d'où
vient que le Diable le hait, le maudit,
& lui enleve fes amis? Ou Dieu y confent, ou il n'y confent pas: S'il y con-

fent, le Diable en le maudiffant ne fait que ce qu'il doit, puifqu'il ne peut que ce que Dieu veut ; par conféquent ce n'eft pas le Diable, mais Dieu même qui fe maudit : chofe abfurde, s'il en fut jamais! S'il n'y confent pas, il n'eft pas vrai qu'il foit tout-puiffant, & par conféquent il y a deux Principes, l'un du bien & l'autre du mal, l'un qui veut une chofe, l'autre qui veut le contraire. Où nous conduira ce raifonnement ? A faire avoüer fans réplique que ni Dieu, ni le Diable, ni le Paradis, ni l'Enfer, ni l'Ame ne font point ce que la Religion les dépeint, & que les Théologiens, c'eft-à-dire, ceux qui débitent des fables pour des vérités, font des gens de mauvaife foi qui abufent de la crédulité des peuples pour leur infinuer ce qui leur plaît, comme fi le vulgaire étoit abfolument indigne de la vérité ou ne dût être nourri que de chimeres, dans lefquelles un homme raifonnable ne voit que du vuide, du néant & de la folie.

Il y a longtems que le monde eft infecté de ces abfurdes opinions ; cependant de tout tems il s'eft trouvé des efprits folides & des hommes finceres, qui malgré la perfécution fe font récriés

F 5

contre les abſurdités de leur ſiecle, comme on vient de faire dans ce petit traité. Ceux qui aiment la vérité y trouveront, ſans doute, quelque conſolation; c'eſt à ceux-là que je veux plaire ſans me ſoucier du jugement de ceux à qui les préjugés tiennent lieu d'oracles infaillibles.

Felix qui potuit rerum cognoſcere cauſas,
Atque metus omnes & inexorabile fatum
Subjecit pedibus; ſtrepitumque Acherontis avari.

Virg. Géorg. Liv. 2. vs. 490.

SENTIMENS

Sur le Traité

DES TROIS IMPOSTEURS.

IL y a longtems qu'on dispute s'il y a
eu véritablement un Livre imprimé
sous le titre *de tribus impostoribus.*

M.ᵉ de la Monnoye informé qu'un Savant d'Allemagne (*) vouloit publier une
dissertation pour prouver qu'il y a eu véritablement un Livre imprimé, *de tribus
impostoribus,* écrivit à un de ses amis une
Lettre pour établir le contraire : Cette
Lettre fut communiquée par Mr. Bayle
à M. Basnage de Beauval, qui en donna
au mois de Février 1694. un extrait dans
son Histoire des Ouvrages des Savans.
Postérieurement Mr. de la Monnoye a
fait sur cette matiere une plus ample dissertation dans une Lettre de Paris du 16.
Juin 1712. à M. le Président Bouhier,
dans laquelle il assure qu'on trouvera en

(*) Daniel George Morhof, mort le 30. Juin
1691. sans avoir tenu parole.

petit l'Hiſtoire preſque complette de ce fameux Livre.

Il réfute d'abord l'opinion de ceux qui attribuent cet Ecrit à l'Empereur *Frédéric I.* Cette fauſſe imputation vient d'un endroit de Grotius dans ſon appendice du traité *de Antichriſto*, dont voici les termes :

Librum de tribus impoſtoribus abſit ut Papæ tribuam aut Papæ oppugnatoribus ; jam olim inimici Frederici Barbaroſſæ imperatoris famam ſparſerant libri talis, quaſi juſſu ipſius ſcripti, ſed ab eo tempore nemo eſt qui viderit ; quare fabulam eſſe arbitror. C'eſt Colomiez qui rapporte cette citation page 28. de ſes *mélanges Hiſtoriques.* Mais il y a deux fautes, ajoute-t-il : 1°. ce ne fut pas *Frédéric I.* ou *Barberouſſe* qu'on faiſoit auteur de ce livre, mais *Frédéric II.* ſon petit-fils, comme il paroît par les Epîtres de *Pierre des Vignes*, ſon Sécrétaire & ſon Chancelier, & par *Mathieu Paris*, qui rapportent qu'il fut accuſé d'avoir dit que *le monde avoit été ſéduit par trois impoſteurs*, & non pas d'avoir compoſé un Livre ſous ce titre. Mais cet Empereur a fortement nié qu'il eût jamais dit pareille choſe. Il déteſta le blaſphême qu'on lui reprochoit, déclarant que c'étoit une calomnie atroce :

ainfi c'eft à tort que *Lipfe* & d'autres é-
crivains l'ont condamné fans avoir affez
examiné fes défenfes.

Averroës, près d'un fiecle auparavant,
s'étoit moqué des trois Religions, & a-
voit dit que (*) *la Religion Judaïque étoit
une Loi d'enfans, la Chrétienne une Loi
d'impoffibilité, & la Mahométanne une Loi
de pourceaux.*

Depuis, plufieurs ont écrit avec beaucoup de liberté fur le même fujet.

On lit dans *Thomas de Cantimpré* qu'un
Maître *Simon de Tournay* difoit que *trois
Séducteurs, Moyfe, Jéfus-Chrift & Mahomet avoient infatué de leur doctrine le
genre humain.* C'eft apparemment ce
Maître *Simon de Churnay* dont *Mathieu
Paris* conte une autre impiété, & le même que *Polidore de Virgile* appelle *de Tur-
way*, noms l'un & l'autre corrompus.

Parmi les Manufcrits de la Bibliothèque de M. l'Abbé *Colbert* que le Roi à
acquis en 1732., il s'en trouve un nom-
méroté 2071. qui eft d'*Alvare Pélage*,
Cordelier Efpagnol Evêque de Salves &
Algarve connu par fes livres *de Planctu
Ecclefiæ* qui rapporte qu'un nommé *Sco-
tus* Cordelier & Jacobin, détenu prifon-
nier à Lisbonne pour plufieurs impiétés,

(*) apud Nevizanum 1. Sylvæ nupt. 2. n. 121.

avoit traité également d'imposteurs Moyse, Jésus-Christ & Mahomet, disant que
le premier avoit trompé les Juifs, le second les Chrétiens, & le troisieme les
Sarrazins. *Disseminavit iste impius hæreti-
cus in hispaniâ* (ce sont les termes d'*Alvare Pélage*) *quod tres deceptores fuerunt
in mundo, scilicet Moïses qui deceperat Ju-
dæos, & Christus qui deceperat Christia-
nos, & Mahometus qui decepit Sarraze-
nos.*

Le bon *Gabriel Barlette* dans un sermon
de *St. André* fait dire à *Porphire* ce qui
suit : *& sic falsa est Porphirii sententia,
qui dixit tres fuisse garrulatores qui totum
mundum ad se converterunt; primus fuit Moïses in Populo Judaico, secundus Mahometus , tertius Christus.* Belle Chronolo-
gie qui met Jésus-Christ & Porphire
après Mahomet !

Les Manuscrits du Vatican cités par
Odonir Rainaldo Tome 19. des Annales
Ecclésiastiques, font mention d'un *Jean-
nin de Solcia* Chanoine de Bergame,
Docteur en Droit Civil & Canon, nom-
mé en Latin dans le Décret de Pie II.
Javinus de Solcia, condamné le 14. No-
vembre 1459. pour avoir soutenu cette
impiété que Moyse, Jésus-Christ &
Mahomet avoient gouverné le monde à

leur fantaifie, *mundum pro fuarum libito voluntatum rexiffe.* Jean Louis *Vivaldo de Mondovi* qui écrivoit en 1506. & dont on a entre autres ouvrages un traité *de duodecim perfecutionibus Ecclefiæ Dei*, dit au Chapitre de la fixieme perfécution, qu'il y a des gens qui ofent mettre en queftion lequel des trois Légiflateurs a été le plus fuivi, Jefus-Chrift, Moyfe, ou Mahomet : *qui in quæftionem vertere prefumunt, dicentes : quis in hoc mundo majorem gentium aut populorum fequelam habuit, an Chriftus, an Moyfes, an Mahometus?*

Herman Riftwyk, Hollandois, brûlé à la Haye en 1512. fe moquoit de la Religion Juive & de la Chrétienne : on ne dit pas qu'il parlât de la Mahométane, mais un homme qui traitoit Moyfe & Jéfus - Chrift d'impofteurs, pouvoit - il avoir meilleure opinion de Mahomet?

On doit penfer de même de l'auteur inconnu des impiétés contre Jéfus-Chrift trouvées l'an 1547. à Genève parmi les papiers du nommé *Gruet.* Un Italien nommé *Faufto da Longiano* avoit entrepris un ouvrage qu'il intituloit *le temple de la Vérité*, dans lequel il ne prétendoit pas moins que de détruire toutes les Religions. ,,J'ai, dit-il, commencé un au-

„ tre ouvrage intitulé *le temple de la Vé-*
„ *rité*, deſſein bizarre que peut-être je
„ diviſerai en trente livres ; on y verra
„ la deſtruction de toutes les ſectes, de la
„ Juive, de la Chrétienne, de la Maho-
„ métanne & des autres Religions, à
„ prendre toutes ces choſes dans leur
„ premier principe." Mais parmi les
lettres de l'*Aretin* à ce *Fauſto*, il ne s'en
trouve aucune où cet ouvrage ſoit déſi-
gné ; peut-être n'a-t-il jamais été ache-
vé, & quand il l'auroit été & qu'il auroit paru, il ſeroit différent de celui
dont il s'agit, dont on prétend qu'il y a
une traduction Allemande imprimée in-
folio, dont il reſte encore des exemplaires dans les bibliothèques d'Allemagne.
Claude Beauregard en Latin *Berigardus*,
Profeſſeur en Philoſophie, premiérement
à Paris, enſuite à Piſe & enfin à Padoue,
cite ou déſigne un paſſage du livre *des*
trois Impoſteurs, où les miracles que Moyſe fit en Egypte ſont attribués à la ſu-
périorité de ſon démon ſur celui des
Magiciens de Pharaon. *Giordan Brun*,
brûlé à Rome le 17. Février 1600. a
été accuſé d'avoir avancé quelque choſe
d'approchant. Mais parce que *Beaure-*
gard & *Brun* ont avancé de pareilles rêveries, & ont jugé à propos de les citer

com-

comme tirées du livre *des trois imposteurs*, est-ce une preuve sûre qu'ils ayent lû ce livre ? Ils l'auroient sans doute mieux fait connoître, & auroient dit s'il est manuscrit ou imprimé, en quel volume & en quel lieu.

Tentzelius, sur la foi d'un de ses amis prétendu témoin oculaire, fait la description du livre, spécifiant jusqu'au nombre de huit feuilles ou cahiers ; & voulant prouver au troisieme Chapitre que l'ambition des législateurs est la source unique de toutes les Religions, il cite pour exemple Moyse, Jésus-Christ & Mahomet. *Struvius* après *Tentzelius* rapporte le même détail, & n'y trouvant rien que la fiction ne puisse inventer, ne paroît pas plus disposé à croire l'existence du livre.

Le Journaliste de Leipsic dans ses *acta eruditorum* du mois de Janvier 1709. pages 36. & 37. produit cet extrait d'une Lettre dont voici le sens : *étant en Saxe, j'ai vu le livre des trois imposteurs, dans le Cabinet de M. * * *. C'est un volume in 8°. Latin, sans marque ni du nom de l'imprimeur, ni du tems de l'impression, laquelle, à en juger par le caractere, paroissoit avoir été faite en Allemagne ; j'eus beau employer toutes les inventions imaginables pour obtenir* la permiſſion de le lire entier; le maître du livre, homme d'une piété délicate, ne voulut jamais y conſentir, & j'ai même ſçu qu'un célebre Profeſſeur de Wirtemberg lui en avoit offert une groſſe ſomme. Etant allé peu de tems après à Nuremberg comme je m'y entretenois un jour de ce livre avec M. ANDRE MYLHDORF, homme reſpectable par ſon âge & par ſa doctrine, il m'avoua de bonne foi qu'il l'avoit lu, & que c'étoit M. WLFER Miniſtre qui le lui avoit prêté; ſur quoi de la maniere dont il me détailloit la choſe, je jugeai que c'étoit un exemplaire tout ſemblable au précédent; d'où je concluois qu'indubitablement c'étoit le livre en queſtion; tout autre qui ne ſera pas in 8°. ni d'auſſi ancienne impreſſion ne pouvant être le véritable. L'Auteur de ce livre auroit pu & dû donner plus d'éclairciſſement, car il ne ſuffit pas de dire j'ai vu, il faut faire voir & démontrer qu'on a vu, autrement cela n'eſt pas plus authentique qu'un ouï-dire; à quoi il faut réduire tous les Auteurs, dont il eſt juſqu'ici fait mention dans cette diſſertation.

Le premier qui ait parlé du livre comme exiſtant en 1543. eſt *Guillaume Poſtel* dans ſon traité de la conformité de l'Alcoran avec la doctrine des Luthériens ou des Evangélistes qu'il nomme *Anévangé-listes*, & qu'il entreprend de rendre tout-à-fait odieux, en voulant faire voir que le Luthéranisme conduit droit à l'Athéisme : il en rapporte pour preuves trois ou quatre livres composés selon lui par des Athées qu'il dit avoir été des premiers Sectateurs du prétendu nouvel Evangile. *Id arguit nefarius tractatus Villanovani de tribus Prophetis, cimbalum mundi, Pantagruelus, & novæ insulæ, quorum autores erant anevangelistarum antesignani.* Ce *Villanovanus* que *Postel* dit Auteur du livre *des trois imposteurs* est *Michel Servet*, fils d'un Notaire qui étant né en 1509. à Villanueva en Arragon, a pris le nom de *Villanovanus* dans la préface qu'il ajoute à une Bible qu'il fit imprimer à Lyon en 1542. par *Hugues de la Porte*, & prenoit en France le nom de *Villeneuve* sous lequel on lui fit son procès après avoir fait imprimer en 1553. à Vienne en Dauphiné la même année de sa mort, son livre intitulé *Christianismi restitutio*, un livre devenu extrêmement rare par les soins qu'on prit à Genève d'en rechercher les exemplaires pour les brûler ; mais dans tous les catalogues des livres de *Servet* on n'y trouve point le livre *de tribus impostoribus*. Ni *Calvin*, ni *Bèze*, ni *Alexan-*

dre Morus, ni aucun autre défenfeur du parti Huguenot qui ont écrit contre *Servet*, & qui avoient intérêt de juftifier fon fupplice, & de le convaincre d'avoir compofé ce livre, aucun ne l'en avoit accufé. *Poftel*, Ex - Jéfuite, eft le premier qui fans autorité l'a fait.

Florimond de Rémond, Confeiller au Parlement de Bordeaux, a écrit pofitivement avoir vu le livre imprimé. Voici fes termes. „*Jacques Curio* en fa Chro-
„ nologie de l'an 1556. dit que le Pala-
„ tinat fe rempliffoit de tels moqueurs de
„ Religion, nommés *Lievaniftes*, gens
„ qui tiennent pour fables les livres
„ faints fur-tout du grand légiflateur de
„ Dieu, Moyfe : n'a-t-on pas vu un li-
„ vre forgé en Allemagne quoiqu'impri-
„ mé ailleurs, au même tems que l'héré-
„ fie jouoit auffi fon perfonnage, qui fe-
„ moit cette doctrine portant ce titre *des*
„ *trois impofteurs* &c. fe moquant des
„ trois Religions qui feules reconnoiffent
„ le vrai Dieu, la Juive, la Chrétienne
„ & la Mahométanne ? ce feul titre
„ montroit quel étoit le fiecle de fa naif-
„ fance qui ofoit produire un livre fi im-
„ pie. Je n'en euffe pas fait mention fi
„ *Ofius* & *Génébrard* avant moi n'en euf-
„ fent parlé. Il me fouvient qu'en mon

,, enfance j'en vis l'exemplaire au Col-
,, lege de Prefle entre les mains de *Ra-*
,, *mus* , homme affez remarquable par
,, fon haut & éminent favoir, qui em-
,, brouilla fon efprit parmi plufieurs re-
,, cherches des fecrets de la Religion
,, qu'il manioit avec la Philofophie. On
,, faifoit paffer ce méchant livre de main
,, en main parmi les plus Doctes defi-
,, reux de le voir.   O aveugle curiofité ! ,, Tout le monde connoît *Flori-*
mond de Rémond pour un auteur fans conféquence, dont on difoit communément
trois chofes mémorables. *Ædificabat fine*
pecuniâ, judicabat fine confcientiâ, fcribe-
bat fine fcientiâ.   On fait même qu'il
prêtoit fouvent fon nom au P. *Richeaume*
Jéfuite qui (fon nom étant fort odieux
aux Proteftans) fe cachoit fous celui du
Confeiller de Bordeaux.   Mais fi *Ofius*
& *Génébrard* en parloient auffi formelle-
ment que *Florimond de Rémond*, il y auroit de quoi balancer : voici ce que *Gé-*
nébrard en dit dans la page 39. de fa Réponfe à *Lambert Danau* imprimée in 8°. à
Paris en 1581. *Non Blandratum non Alci-*
atum , non Ochinum , ad Mahometifmum
impulerunt : non Valleum ad atheifmi pro-
feffionem induxerunt : non alium quemdam
ad fpargendum libellum de tribus impoftori-

bus quorum secundus esset Christus Domi-
nus , duo alii Moses & Mahometes , pel-
lexerunt. Mais est - ce assez spécifier ce
livre impie? & Génébrard dit - il l'avoir
vu? & seroit - il possible qu'on n'en eût
aujourdhui plus , · & de plus véritables
connoissances , s'il avoit véritablement
existé? On sait combien de menteries se
sont débitées dans tous les tems sur plusieurs livres qui ne se sont jamais trou-
vés , quoique des gens eussent assuré les
avoir vus , & même cité les lieux où ils
leur avoient été communiqués.

On a voulu dire que le livre *des trois*
imposteurs étoit dans la Bibliotheque de
M. Salvius Plénipotentiaire de Suede à
Munster , que la Reine *Christine* n'ayant
pas voulu le lui demander pendant qu'il
vivoit, aussitôt qu'elle avoit sçu sa mort a-
voit envoyé M. *Bourdelot* son premier Médecin, prier la veuve de satisfaire sa curio-
sité , mais qu'elle avoit répondu que le
malade saisi de remords de conscience la
veille de sa mort avoit dans sa chambre
fait jetter le livre au feu. C'est à-peu-
près en même tems que *Christine* faisoit
chercher avec empressement le *Colloquium*
heptaplomeres de *Bodin* , manuscrit alors
fort rare : après une longue quête elle
parvint enfin à le trouver; mais quelque

paſſion qu'elle eût de voir le livre *de tribus impoſtoribus*, quelque recherche qu'elle en eût fait faire dans toutes les biblio-
theques de l'Europe, elle eſt morte ſans
avoir pu le déterrer. N'en peut-on pas
conclure qu'il n'exiſtoit pas ? Sans quoi
les ſoins de la Reine *Chriſtine* auroient infailliblement découvert ce livre que *Poſtel*
annonce avoir paru en 1543. & *Florimond
de Rémond* en 1556. D'autres dans la ſuite ont aſſigné d'autres époques.

En 1654. *Jean-Baptiſte Morin*, Médecin célebre & Mathématicien écrivit une
lettre ſous le nom de *Vincent Panurge*
qu'il s'adreſſa à lui-même. *Vincentii Pa-
nurgii epiſtola de tribus impoſtoribus, ad cla-
riſſimum virum Joannem-Baptiſtam Mori-
num Medicum.* Les trois impoſteurs dont
il veut parler ſont *Gaſſendi*, *Neure* &
Bernier, qu'il veut rendre odieux par ce
titre. *Chrétien Kortholt* en 1680. a donné le titre *de tribus impoſtoribus* à ſon livre
contre *Herbert*, *Hobbes*, & *Spinoſa*, & a
dit dans ſa préface qu'on avoit vu le traité véritable *des trois impoſteurs* entre les
mains d'un Libraire de Baſle. Tel a été
l'abus qu'on a fait de ce titre contre des
adverſaires, & par où on a impoſé à la
crédulité des demi-ſavans qui, ſans examiner, ſont les dupés du premier coup-

d'œil. Car seroit-il possible, si ce livre avoit existé véritablement, qu'on ne l'eût réfuté, comme on a fait le livre des Préadamistes de M. *de la Peyrere*, & les écrits de *Spinosa*, l'ouvrage même de *Bodin* ? Le *Colloquium heptaplomeres*, quoique manuscrit a été réfuté. Le livre *de tribus impostoribus* méritoit-il plus de grace? D'où vient n'a-t-il point été censuré & mis à l'Index ? Pourquói n'a-t-il point été brûlé par la main du bourreau? Les livres contre les bonnes mœurs se tolerent quelquefois, mais ceux qui attaquent aussi fortement le fond de la Religion ne demeurerent jamais impunis. *Florimond de Rémond* qui dit avoir vu le livre, a affecté de dire qu'il étoit alors enfant, âge propre à écrire les Contes des Fées; il cite *Ramus* qui étoit mort il y avoit trente ans, & ne pouvoit plus le convaincre de mensonge ; il cite *Osius* & *Génébrard*, mais en termes vagues sans spécifier l'endroit de leurs œuvres. Il dit qu'on faisoit passer ce livre de main en main, qu'on auroit plutôt dû enfermer & tenir sous la clef.

On peut encore opposer ce passage de *Thomas Browne* dont voici les mots partie 1ere section 19. de son livre intitulé *Religio medici*, traduit de l'Anglois en Latin par *Jean Merrivheater*; *monſtrum il-lud hominis, diis inferis a ſecretis ſcelus, nefarii illius tractatus de tribus impoſtoribus author quantumvis ab omni Religione alienus, adeò ut nec Judæus, nec Turca, nec Chriſtianus fuerit, planè tamen athæus non erat.* D'où on inférera qu'il falloit qu'il eût vu le livre pour juger ainſi de l'auteur. Mais *Browne* ne parle de la ſorte que parceque *Bernardin Ochin*, qui, ſelon lui, comme il le marque par un aſtérisque, étoit auteur de ce livre, étoit plutôt Déiſte qu'Athée, & que tout Déiſte avec de l'eſprit & un peu de littérature eſt capable de concevoir & d'exécuter un pareil deſſein. *Moltkius* dans ſa note ſur cet endroit de *Browne* n'aſſure pas, & avec raiſon, que ce livre fût d'*Ochin*, car on veut que ce livre ait été compoſé en Latin, & *Ochin* n'a jamais écrit qu'en Italien; de plus s'il avoit été ſoupçonné d'avoir eu part à cet ouvrage, ſes ennemis qui ont fait tant de bruit de quelques-uns de ſes Dialogues touchant la Trinité & touchant la Polygamie, ne lui auroient pas pardonné le traité *des trois impoſteurs.* Mais comment accorder *Browne* & *Génébrard* qui traitent *Ochin* de Mahométan, & qui diſent qu'il n'étoit ſectateur ni de Moyſe, ni de Jéſus-Chriſt, ni de Mahomet ? Que de contradictions !

Naudé par une ridicule méprise croyoit ce traité des trois imposteurs d'*Arnauld de Villeneuve*, Ecrivain grossier & barbare ; & *Ernstius* déclare avoir ouï dire étant à Rome à *Campanelle* que c'étoit l'ouvrage de *Muret*, Ecrivain très-poli & très-latin, postérieur de plus de deux siecles à *Arnauld de Villeneuve* : mais il faut qu'*Ernstius* se trompe & que *Campanelle* ait varié, car dans la préface de son *Atheismus triumphatus*, & plus expressément encore dans sa question *de gentilismo non retinendo*, il dit que c'est d'Allemagne que l'ouvrage étoit parti : ou il faudra supposer qu'il n'y avoit que l'édition qui fût d'Allemagne, mais que la composition étoit de *Muret :* ce qui sera entiérement opposé à ce que *Florimond de Rémond* a dit ci-dessus que le livre avoit été forgé en Allemagne, quoique imprimé ailleurs : mais *Muret* a été accusé à faux & ne doit pas avoir besoin d'apologie. On a jugé de sa religion par ses mœurs. Les Huguenots fâchés de ce qu'ayant goûte leur doctrine il l'avoit depuis quittée sans retour, ne l'ont pas épargné dans l'occasion : *Bèze* dans son Histoire Ecclésiastique lui a reproché deux crimes dont le second est l'athéis-

me. *Joseph Scaliger* piqué contre lui (*)
pour une bagatelle d'érudition ne lui a
pas fait plus de justice: *Muret*, a-t-il dit
malicieusement, seroit le meilleur Chrétien du monde s'il croyoit en Dieu aussi
bien qu'il persuaderoit qu'il y faut croire : De là sont venues les mauvaises im-
pressions qu'on a prises contre *Muret*. au
lieu d'avoir égard à la piété exemplaire
dont il donna des marques édifiantes les
dernieres années de sa vie : on s'est avisé
de le noircir 50. ans, après sa mort d'un
soupçon inconnu à ses ennemis les plus
déclarés, & duquel il est très-sûr que
de son vivant il ne fut jamais atteint.

Des compilateurs idiots qui n'ont nulle teinture de critique ont enveloppé dans
la même accusation le premier que la
moindre apparence leur a offert ; un *E-
tienne Dolet*, d'Orléans, un *François Puc-
ci*, de Florence, un *Jean Milton*, de
Londres, un *Merula* faux Mahométan ;
on y a même mêlé *Pierre Aretin*, sans
considérer qu'il étoit fort ignorant, sans
étude, sans lettres, & ne savoit que sa
langue naturelle, parce qu'ils en ont ouï
parler comme d'un Ecrivain très-hardi
& très-licentieux ; & on s'est avisé de le

(*) Voyez à ce sujet le Dictionnaire de Bayle.
art, *Trabea.*

faire auteur de ce livre. Par la même raifon on accufe *Pogge* & d'autres ; on remonte jufqu'à *Bocace*, fans doute à caufe du 3ᵉ Conte de fon Décaméron où eft rapportée la parabole des trois anneaux reffemblans, de laquelle il fait une très-dangereufe application à la Religion Juive, à la Chrétienne & à la Mahométanne, comme s'il vouloit infinuer qu'on peut embraffer indifféremment l'une des trois, parce qu'on ne fait à laquelle adjuger la préférence. On n'a pas non plus oublié *Machiavel* & *Rabelais* que *Decker* nomme ; & le Hollandois qui a traduit en François le livre de la Religion du Medecin de *Browne*, dans fes notes fur le Chapitre 20., outre *Machiavel*, nomme encore *Erafme*.

Avec moins d'extravagance on pourroit y mêler & *Pomponace* & *Cardan*. *Pomponace* Chap. 14ᵉ. de fon traité de l'immortalité de l'ame raifonnant en pur Philofophe, & faifant abftraction de la croyance Catholique, à laquelle folemnellement à la fin de fes livres il protefte de fe foumettre, a ofé dire que la doctrine de l'immortalité de l'ame avoit été introduite par tous les fondateurs de Religion pour contenir les peuples dans le devoir ; en quoi, ou tout le monde, ou

la plus grande partie, étoit dupe ; parce
que je suppose, ajoute-t-il, qu'il n'y ait
que trois Religions celle de Jésus-Christ,
celle de Moyse & celle de Mahomet, si
toutes les trois sont fausses, il s'ensuit que
tout le monde est trompé : raisonnement
scandaleux, & qui non-obstant toutes les
précautions de *Pomponace* a donné lieu à
Jacques Charpentier de s'écrier *quid vel hac
sola dubitatione in Christiana Schola cogitari
potest perniciosius ? Cardan* fait encore pis
dans le 11ᵉ. de ses livres de la *subtilité*; il
compare entre elles succinctement les
quatre Religions générales, & après les
avoir fait disputer l'une contre l'autre,
sans qu'il se déclare pour aucune, il finit
brusquement de cette sorte *his igitur ar-
bitrio victoriæ relictis*; ce qui signifie qu'il
laisse au hazard à décider de la victoire:
paroles qu'il corrige de lui-même dans la
seconde édition.   Ce qui n'a pas empêché qu'il n'en ait été repris très-aigre-
ment trois ans après par *Jules Scaliger* à
cause du sens terrible qu'elles renfer-
moient , & de l'indifférence qu'elles
marquoient de la part de *Cardan* , touchant la victoire que l'un des quatre par-
tis , quel qu'il fût , pouvoit remporter,
soit par la force des raisons, soit par la
force des armes.

Dans le dernier article du *Naudæana*
qui est une rapsodie de bévues & de faus-
setés, il y a quelques recherches confu-
ses touchant le livre *des trois imposteurs*.
Il y est dit que *Ramus* l'attribuoit à
Postel, ce qui ne se trouve nulle part
dans les écrits de *Ramus*; quoique *Postel*
eût d'étranges visions, & que *Henri E-
tienne* dépose lui avoir oui dire que des
trois Religions, la Juive, la Chrétienne,
& la Mahométane, on pourroit en faire
une bonne, il n'a pourtant dans aucune
de ses œuvres attaqué la Mission de Moyse, ni la Divinité de Jésus-Christ, &
n'a pas même osé soutenir en termes pré-
cis que cette Religieuse Hospitaliere Vé-
nitienne qu'il appelloit sa Mere *Jeanne*
seroit la rédemptrice des femmes, comme Jésus-Christ avoit été le rédempteur
des hommes. Seulement, après avoir
dit que dans l'homme *animus* étoit la partie masculine, *anima* la féminine, il a eu
la folie d'ajouter que ces deux parties
ayant été corrompues par le péché, sa
mere *Jeanne* répareroit la féminine, comme Jésus-Christ avoit réparé la masculine. Le livre où il débite cette extravagance fut imprimé *in*-16. à Paris l'an
1553. sous le titre *des trois merveilleuses
victoires des femmes*, & n'est pas devenu

fi rare qu'on ne le trouve encore affez aifément ; & l'on verroit de même celui qu'il auroit publié *des trois imposteurs*, s'il étoit vrai qu'il fût venu à cet exès d'impiété. Il en étoit fi éloigné que dès l'an 1543. il déclara hautement que l'ouvrage étoit de *Michel Servet*, & ne fe fit aucun fcrupule pour fe venger des Huguenots fes calomniateurs de leur impofer dans une Lettre qu'il écrivit à *Mafius* l'an 1563. d'avoir eux-mêmes fait imprimer ce livre à Caën, *nefarium illud trium impoftorum Commentum feu liber contra Chriftum, Mofem & Mahometem Cadomi nuper ab illis qui Evangelio Calvini fe adductiffimos profitentur typis excuffus eft:* au même Chapitre du *Naudæana* il eft parlé d'un certain *Barnaud* en des termes fi embrouillés qu'on n'y comprend rien, à moins d'avoir vu un petit livre intitulé *le Magot Génevois*; c'eft un in 8°. de 98. pages imprimé l'an 1613. fans nom du lieu ; l'auteur ne s'y nomme pas non plus, & pourroit bien être *Henri de Sponde*, depuis Evêque de Pamiers : il dit qu'en ce tems-là un Médecin nommé *Barnaud* convaincu d'Arianifme le fut auffi d'avoir fait le livre *de tribus impoftoribus*, qui à ce compte feroit de bien fraîche datte. Ce qu'il y a de plus raifonnable dans ce même dernier article du *Naudæana*, c'eft qu'on y fait dire à *Naudé*, homme d'une expérience infinie en matiere de livres, qu'il n'avoit jamais vu le livre *des trois impofteurs*, qu'il ne le croyoit pas imprimé, & qu'il eftimoit fabuleux tout ce qu'on en débitoit.

On peut encore ajouter à ce catalogue le fameux athée *Jules Céfar Vanini*, brûlé à Touloufe l'an 1619. fous le nom de *Lucilio Vanino*, accufé d'avoir répandu ce mauvais livre en France quelques années avant celle de fon fupplice.

S'il y a des écrivains follement crédules, gens dépourvus de fens commun, qui puiffent admettre ces impertinences, & affurer que ce livre fe vendoit publiquement alors en divers endroits de l'Europe, les exemplaires n'en devroient pas être fi rares; un feul fuffiroit pout réfoudre la queftion: mais on n'en voit aucun ni de ceux-là, ni de ceux qu'on dit avoir été imprimés, foit par *Chrétien Wechel* à Paris vers le milieu du 16°. fiecle, foit par le nommé *Nachtegal* à la Haye en 1614. ou 1615. Le Pere *Théophile Raynaud* a dit que le premier, de riche qu'il étoit, tomba par punition divine dans un extrême pauvreté. *Mullerus* dit que le fecond fut chaffé de la

Ha-

Haye avec ignominie. Mais *Bayle* dans
son Dictionnaire au nom de *Wechel* a soli-
dement réfuté la f ble qu'on a débitée
de cet Imprimeur. A l'égard de *Nachtegal*, *Spizelius* rapporte que cet homme
qui étoit d'Alcmar, fut chassé non pour
avoir publié le livre *des trois imposteurs*,
mais pour y avoir proféré quelques blas-
phêmes de cette espece. Enfin qu'on
parcoure avec attention & patience ce
que dit *Vincent Placcius* dans l'édition in-
folio de son vaste ouvrage *de Anonimis &
Pseudonimis*, *Chrétien Kortholt* dans son
livre *de tribus impostoribus*, revu par son
fils *Sébastien*, & enfin *Struvius* dans l'é-
dition de 1706. de sa dissertation *de doctis
impostoribus*; on ne trouvera rien dans
leurs recherches qui prouve que ce livre
a existé; & il est étonnant que *Struvius*
qui, malgré les preuves les plus spécieuses
que *Tentzelius* avoit pu lui rapporter de
l'existence de ce livre, s'étoit toujours
tenu ferme à la négative, se soit avisé depuis de croire le livre existant sur la
plus frivole raison qui se puisse imaginer.

Une préface anecdote de l'*Atheismus
triumphatus* lui étant tombée entre les
mains, il y trouva que l'auteur, pour se
disculper du crime qu'on lui avoit im-
puté d'avoir fait le livre *de tribus impos-*

H

toribus, répondit que 30. ans avant qu'il vînt au monde ce livre avoit vu le jour. Chose merveilleuse! cette réponse avancée en l'air a paru si démonstrative à *Struvius* qu'il a cessé de douter de l'existence du livre, concluant qu'elle étoit sûre puisqu'il n'étoit plus permis d'ignorer le tems de l'édition, qui ayant précédé de 30. ans la naissance de *Campanelle* arrivée en 1568., tomboit par conséquent juste en 1538. De là poussant les découvertes plus loin, il s'est déterminé à prendre *Bocace* pour auteur du livre, par une mauvaise interprétation du livre de *Campanelle* qui au Chapitre 2. N°. 6. du livre intitulé *Atheismus triumphatus* s'exprime en ces termes : *hinc Boccacius in fabellis impiis probare contendit non posse discerni inter legem Christi, Moisis & Mahometis, quia eadem signa habent uti tres annuli consimiles.* Mais *Campanelle* a-t-il entendu par là que *Bocace* fût auteur du livre *de tribus impostoribus?* bien loin de cela; répondant ailleurs à cette objection des Athées, il dit y avoir satisfait ailleurs *contra Boccacium & librum de tribus impostoribus:* & *Struvius* au parag. 9. de sa dissertation *de doctis impostoribus* cite lui-même le passage d'*Ernstius*, qui dit que *Campanelle* lui a dit que le livre étoit de

Muret : mais *Muret* étoit né en 1526., & le livre ayant été imprimé en 1538., *Muret* ne pouvoit avoir que 12. ans, âge auquel on ne présumera jamais qu'il ait été capable d'avoir composé un tel livre. Il faut donc conclure que le livre *de tribus impostoribus* écrit en Latin & imprimé en Allemagne n'a jamais existé. Il n'y a jamais eu de livre imprimé, quelque rare qu'il ait été, dont on ait eu plus de connoissance & plus distincte & plus circonstanciée.

Quoiqu'on n'ait point vu les Oeuvres de *Michel Servet*, on a toujours sçu qu'elles avoient été imprimées où elles l'avoient été. Avant les deux éditions modernes qui ont été faites du *Cymbalum mundi*, ouvrage de *Bonnaventure des Perrieres*, caché sous le nom de *Thomas Du Clevier*, qui dit l'avoir traduit du Latin, & dont il ne restoit que deux exemplaires anciens, l'un dans la Bibliothèque du Roi, & l'autre dans celle de Mr. *Bigot*, de Rouen, on savoit qu'ils étoient imprimés, le tems & le nom du Libraire : il en est de même du livre de *la Béatitude des Chrétiens, ou le fléau de la foi*, dont l'auteur *Geoffroi Vallée*, d'Orléans, fut pendu & brûlé en Grève le 9. Février 1573, après avoir abjuré son erreur, petit livre de 13. pages in 8°. imprimé sans nom de lieu & sans datte, très-mal raisonné, mais si rare que l'exemplaire qu'en avoit M. l'Abbé *d'Estrées* est peut-être l'unique. Quand tous ces livres auroient absolument péri, on ne douteroit pas néanmoins qu'ils n'eussent existé, parce que leur Histoire est aussi vraye que celle du livre *des trois imposteurs* est apocryphe.

RÉPONSE

à la Dissertation de M. DE LA MONNOYE sur

LE TRAITÉ DES TROIS IMPOSTEURS.

UNE espece de dissertation assez peu démonstrative qui se trouve à la fin de la nouvelle édition du *Menagiana* qu'on vient de publier en ce pays, me donne occasion de mettre la main à la plume pour donner quelque certitude au public sur un fait sur lequel il semble que tous les savans veulent exercer leur critique, & en même tems pour discul-

per un très-grand nombre de très-habiles
perſonnages & même quelques-uns d'une
vertu diſtinguée, qu'on a tâché de faire
paſſer pour être les auteurs du livre qui
fait le ſujet de cette diſſertation qu'on dit
être de M. *de la Monnoye* : je ne doute
pas que ce nouveau livre ne ſoit déjà entre vos mains, vous voyez que je veux
parler du petit Traité *de tribus impoſtori-*
bus. L'Auteur de la diſſertation ſou-
tient la non-exiſtence de ce livre & tâche de prouver ſon ſentiment par des
conjectures, & ſans aucune preuve capable de faire impreſſion ſur un eſprit
accoutumé à ne pas ſouffrir qu'on lui
en faſſe accroire. Je n'entreprendrai pas
de réfuter, article par article, cette diſſertation qui n'a rien de plus nouveau
que ce qui ſe trouve dans une diſſertation Latine *de doctis impoſtoribus* de M.
Burchard Gottheſſle Struve imprimée pour
la ſeconde fois à *Jène* chez *Muller* en
1706. & que l'auteur a vue puiſqu'il la
cite. J'ai en main un moyen bien plus
ſûr pour détruire cette diſſertation de
M. *de la Monnoye*, en lui apprenant que
j'ai vu *meis oculis* le fameux petit Traité
de tribus impoſtoribus, & que je l'ai dans
mon Cabinet. Je vais vous rendre compte, Monſieur, & au public de la ma-

niere dont je l'ai découvert, & comment je l'ai vû ; & je vous en donnerai un court & fidele extrait.

Etant à Francfort-fur-le-Mein en 1706., je m'en fus un jour chez un des Libraires le mieux affortj en toutes fortes de livres, avec un Juif & un ami nommé *Frecht*, Etudiant alors en Théologie : Nous examinions le catalogue du Libraire, lorfque nous vîmes entrer dans la boutique un efpece d'Officier Allemand qui s'adreffant au Libraire lui demanda en Allemand, s'il vouloit conclure leur marché, ou qu'il alloit chercher un autre Marchand. *Frecht*, qui reconnut l'Officier, le falua & renouvella leur connoiffance ; ce qui donna occafion à mon ami de demander à cet Officier, qui s'appelloit *Trawfendorff*, ce qu'il avoit à démêler avec le Libraire. *Trawfendorff* lui répondit qu'il avoit deux manufcrits & un livre très-ancien dont il vouloit faire une petite fomme pour la Campagne prochaine, & que le Libraire fe tenoit à 50. Rixdales, ne lui voulant donner que 450. Rixdales de ces trois livres, dont il en vouloit tirer 500. Cette groffe fomme pour deux manufcrits & un petit livret, excita la curiofité de *Frecht*, qui demanda à fon ami s'il ne pouvoit pas voir des pieces qu'il vouloit vendre ſi cher. *Trawſendorff* tira auſſitôt de ſa poche un paquet de parchemin lié d'un cordon de ſoie, qu'il ouvrit, & en tira ſes trois livres. Nous entrâmes dans le Magaſin du Libraire pour les examiner en liberté, & le premier que *Frecht* ouvrit, ſe trouva l'Imprimé, qui avoit un titre Italien écrit à la main à la place du véritable titre qui avoit été déchiré. Ce titre étoit *Spaccio della Beſtia triumphante* dont l'impreſſion ne paroiſſoit pas ancienne: je crois que c'eſt le même dont *Toland* a fait imprimer une traduction en Anglois il y a quelques années, & dont les exemplaires ſe ſont vendus ſi cher. Le ſecond qui étoit un vieux manuſcrit Latin d'un caractere aſſez difficile, n'avoit point de titre, mais au haut de la premiere page étoit écrit en aſſez gros caractere: *Othoni illuſtriſſimo amico meo cariſſimo* F. I. S. D., & l'ouvrage commençoit par une lettre dont voici les premieres lignes: *quod de tribus famoſiſſimis nationum deceptoribus in ordinem juſſu meo digeſſit doctiſſimus ille vir quorum ſermonem de illa re in muſeo meo habuiſti exſcribi curavi, atque Codicem illum ſtylo æque vero ac puro ſcriptum ad te quam*

primum mitto: etenim &c. L'autre manuscrit étoit auffi Latin & fans titre,
& commençoit par ces mots, qui font,
ce me femble , de Cicéron , dans le
premier livre *de natura Deorum. Qui
verò deos effe dixerunt tanta funt in varie-
tate & diffenfione conftituti , ut eorum mo-
leftum fit annumerare Sententias ....
alterum fieri poteft profecto, ut earum nulla ; alterum certè non poteft, ut plus una
vera fit.*

Frecht, après avoir ainfi parcouru les
trois livres avec affez de précipitation,
s'arrêta au fecond dont il avoit fouvent
entendu parler, & duquel il avoit lu tant
d'hiftoires différentes ; & fans rien examiner des deux autres il tira *Trawfendorff*
à part , & lui dit qu'il trouveroit par-
tout des marchands pour ces trois livres.
On ne parla pas beaucoup du livre Italien, & pour l'autre on convint en li-
fant par-ci par-là quelques phrafes, que
c'étoit un fyftême d'athéifme démontré.
Comme le Libraire s'en tenoit à fon of-
fre , & ne vouloit pas convenir avec l'Officier, nous fortimes & fumes au logis
de *Frecht* qui ayant fes vues fit venir du
vin , & en priant *Trawfendorff* de nous
apprendre comment ces trois livres lui
étoient tombés entre les mains, nous lui

fîmes vuider tant de rafades que fa raifon
étant en garouage, *Frecht* obtint fans
beaucoup de peine qu'il lui laifsât le manufcrit *de tribus famofiffimis deceptoribus* ;
mais il fallut faire un ferment exécrable
qu'on ne le copieroit pas. A cette con-
dition nous nous en vîmes les maîtres,
Vendredi à dix heures du foir jufqu'au
Dimanche au foir que *Trawfendorff* le
viendroit chercher & vuider encore quelques bouteilles de ce vin qui étoit à fon
goût.

Comme je n'avois pas moins d'envie
que *Frecht* de connoître ce livre, nous
nous mîmes auffitôt à le parcourir, bien
réfolus de ne pas dormir jufqu'au Dimanche. Le livre étoit donc bien gros,
dira-t'on ? point du tout, c'étoit un gros
in-8°. de dix cahiers, fans la Lettre qui
étoit à la tête, mais d'un fi petit caractere, & chargé de tant d'abbréviations
fans points ni virgules, que nous eûmes
bien de la peine à en déchiffrer la premiere page en deux heures de tems ; mais
alors la lecture nous en devint plus aifée,
c'eft ce qui me fit propofer à mon ami
Frecht un moyen, qui me fent affez l'é-
quivoque Jéfuitique, pour avoir une
copie de ce célébre Traité, fans fauffer
fon ferment, qui avoit été fait *ad men-*

tem interrogantis : & il est probable que *Trawsendorff*, en exigeant qu'on ne copiât pas son livre, entendoit qu'on ne le transcrivît point ; ainsi mon expédient fut que nous en fissions une traduction : *Frecht* y consentit après quelques difficultés, & nous mîmes aussitôt la main à l'œuvre. Enfin nous nous vîmes maîtres du livre le Samedi vers minuit. Je repassai ensuite à loisir notre hâtive traduction, & nous en primes chacun une copie, nous engageant de n'en donner à personne. Quant à *Trawsendorff*, il tira les 500. Rixdales du Libraire qui avoit cette commission d'un Prince de la Maison de Saxe, qui savoit que ce Manuscrit avoit été enlevé de la Bibliotheque de Munich, lorsqu'après la défaite des François & des Bavarois à Hochstet les Allemands s'emparerent de cette ville où *Trawsendorff*, comme il nous l'a raconté, étant entré d'appartement en appartement, jusqu'à la Bibliotheque de S. A. Elect., ce paquet de parchemin & ce cordon de soie jaune s'étant offerts à ses yeux, il n'avoit pu résister à la tentation de le mettre dans sa poche, se doutant que ce pouvoit être quelque piece curieuse ; en quoi il ne se trompoit point.

Reste, pour faire l'histoire entiere de

l'invention de ce Traité, à vous dire les conjectures que nous fîmes *Frecht* & moi sur son origine. 1°. Nous tombâmes d'accord que cet *illustrissimo Othoni* à qui il est envoyé, étoit *Othon l'Illustre* Duc de Baviere fils de *Louis* I., & petit-fils d'*Othon le Grand*, Comte de Schiven & de Witelspach, à qui l'Empereur *Frédéric Barberousse* avoit donné la Baviere pour récompenser sa fidélité, en l'ôtant à *Henri le Lion* pour punir son ingratitude : or cet *Othon l'Illustre* succéda à son Pere *Louis* I. en 1230. sous le regne de l'Empereur *Frédéric* II. petit-fils de *Frédéric Barberousse*, & dans le tems que cet Empereur se brouilla tout-à-fait avec la Cour de Rome à son retour de Jérusalem, ce qui nous a fait conjecturer que F. I, S. D. qui suivoit l'*amico meo carissimo* signifioit *Fredericus Imperator salutem dicit*, conjecture d'où nous conclûmes que le Traité *de tribus impostoribus* avoit été composé depuis l'an 1230. par l'ordre de cet Empereur animé contre la Religion à cause des mauvais traitemens qu'il recevoit du Chef de la sienne, lequel étoit alors *Grégoire IX.* dont il avoit été excommunié avant de partir pour ce voyage & qu'il avoit poursuivi jusque dans la Syrie, où il avoit empêché par ses intrigues sa propre armée de lui obéir. Ce Prince à son retour fut assiéger le Pape dans Rome, après avoir ravagé les Provinces des environs, & ensuite il fit avec lui une Paix qui ne dura guere & qui fut suivie d'une animosité si violente entre l'Empereur & le Saint Pontife qu'elle ne finit que par la mort de celui-ci qui mourut de chagrin de voir *Frédéric* triompher de ses vaines fulminations, & démasquer les vices du St. Pere dans les vers satyriques qu'il fit répandre de tous côtés, en Allemagne, en Italie & en France. Mais nous ne pumes déterrer quel étoit ce *doctissimus vir* avec qui *Othon* s'étoit entretenu de cette matiere dans le Cabinet & apparamment en la compagnie de l'Empereur *Frédéric*, à moins qu'on ne dise que c'est le fameux *Pierre des Vignes* Sécrétaire, ou comme d'autres veulent Chancelier de l'Empereur *Frédéric* II. Son Traité *de potestate imperiali* & ses Epîtres nous apprennent quelle étoit son érudition & le zêle qu'il avoit pour les intérêts de son Maître, & son animosité contre *Grégoire* IX., les Ecclésiastiques & les Eglises de son tems. Il est vrai que dans une de ses Epîtres il tâche de disculper son Maître qu'on accusoit dès lors d'être auteur de ce livre, mais cela pourroit appuyer la conjecture & faire croire qu'il ne plaidoit pour *Frédéric* qu'afin qu'on ne mît pas sur son compte une production si scandaleuse : & peut-être nous auroit-il ôté tout prétexte de conjecturer, en confessant la vérité, si lorsque *Frédéric* le soupçonnant d'avoir conspiré contre sa vie, ne l'eût condamné à avoir les yeux crevés , & à être livré aux Pisantins ses cruels ennemis, & si le désespoir n'eût avancé sa mort dans un infâme cachot, d'où il ne pouvoit se faire entendre à personne. Ainsi voilà détruites toutes les fausses accusations contre *Averroës* , *Bocace* , *Dolet* , *Aretin* , *Servet* , *Ochin* , *Postel* , *Pomponace* , *Campanelle* , *Pogge* , *Pulci* , *Muret* , *Vanini* , *Milton* & plusieurs autres ; & le livre se trouve avoir été composé par un savant du premier ordre de la Cour de cet Empereur , & par son ordre. Quant à ce qu'on a soutenu qu'il avoit été imprimé, je crois pouvoir avancer qu'il n'y a guere d'apparence , puisqu'on peut s'imaginer que *Frédéric* ayant tant d'ennemis de tous côtés , n'aura pas divulgué ce livre qui leur auroit donné une belle occasion de publier son irréligion , & peut-être n'y en eut-il jamais que l'original, & cette copie envoyée à *Othon* de Baviere.

En voilà, ce me semble, assez pour
la découverte de ce livre, & pour l'é-
poque de son origine : Voici ce qu'il
contient.

Il est divisé en six livres ou chapitres
chacun desquels contient plusieurs paragraphes ; le premier chapitre a pour titre *de Dieu*, & contient six paragraphes
dans lesquels l'auteur, voulant paroître
exempt de tous préjugés d'éducation ou
de parti, fait voir que quoique les hommes ayent un intérêt tout particulier de
connoître la vérité, cependant ils ne se
repaissent que d'opinions & d'imaginations & que trouvant des gens qui ont
intérêt de les y entretenir, ils y restent
attachés, quoiqu'ils puissent facilement
en secouer le joug, en faisant le moindre
usage de leur raison. Il passe ensuite aux
idées qu'on a de la Divinité, & prouve
qu'elles lui sont injurieuses & qu'elles
constituent l'être le plus affreux & le
plus imparfait qu'on puisse s'imaginer :
il s'en prend à l'ignorance du Peuple, ou
plutôt à sa sotte crédulité en ajoutant foi
aux visions des Prophêtes & des Apôtres,
dont il fait un portrait conforme à l'i-
dée qu'il en a.

Le second Chapitre traite des raisons
qui ont porté les hommes à se figurer un

Dieu; il eſt diviſé en onze paragraphes
où l'on prouve que de l'ignorance des
cauſes phyſiques eſt née une crainte naturelle à la vue de mille accidens terri-
bles, laquelle a fait douter s'il n'exiſtoit
pas quelque Puiſſance inviſible: doute &
crainte, dit l'auteur, dont les fins Politiques ont ſçu faire uſage ſelon leurs intérêts, & ont donné cours à l'opinion de
cette exiſtence qui a été confirmée par
d'autres qui y trouvoient leur intérêt particulier, & s'eſt enracinée par la ſottiſe
du Peuple toujours admirateur de l'extraordinaire, du ſublime & du merveilleux. Il examine enſuite quelle eſt la
nature de Dieu, & détruit l'opinion vulgaire des cauſes finales comme contraires
à la ſaine Phyſique: enfin il fait voir qu'on
ne s'eſt formé telle ou telle idée de la
Divinité, qu'après avoir réglé ce que
c'eſt que perfection, bien, mal, vertu,
vice, réglement fait par l'imagination &
ſouvent le plus faux qu'on puiſſe imaginer; d'où ſont venues les fauſſes idées
qu'on s'eſt faites & qu'on conſerve de la
divinité. Dans le dixieme l'auteur ex-
plique à ſa maniere ce que c'eſt que Dieu,
& en donne une idée aſſez conforme au
ſyſtême des Panthéiſtes, diſant que le
mot *Dieu* nous repréſente un être infini;

dont l'un des attributs eſt d'être une ſubſtance étendue, & par conſéquent éternelle & infinie; & dans le 11. il'tourne en ridicule l'opinion populaire qui établit un Dieu tout-à-fait reſſemblant aux Rois de la terre; & paſſant aux livres ſacrés, il en parle d'une maniere très-déſavantageuſe.

Le troiſieme Chapitre a pour titre ce que ſignifie le mot *Religion*; comment & pourquoi il s'en eſt introduit un ſi grand nombre dans le monde. Ce Chapitre a vingt-trois paragraphes. Il y examine dans les neuf premiers l'origine des Religions & il confirme par des exemples & des raiſonnemens que bien loin d'être divines, elles ſont toutes l'ouvrage de la Politique : Dans le dixieme paragraphe il prétend dévoiler l'impoſture de Moyſe en faiſant voir qui il étoit & comment il s'eſt conduit pour établir la Religion Judaïque : dans le onzieme, on examine les impoſtures de quelques Politiques comme Numa & Alexandre. Dans le douzieme on paſſe à Jéſus-Chriſt dont on examine la naiſſance : dans le 13e. & les ſuivans on traite de ſa Politique : dans le dix-ſeptieme & le ſuivant on examine ſa morale, qu'on ne trouve pas plus pure que celle d'un grand nombre d'anciens.

Phi-

Philofophes : dans le dix-neuvieme on examine fi la réputation où il a été après fa mort eft de quelque poids pour fa Déification ; & enfin dans le 22ᵉ. & le 23ᵉ. on traite de l'impofture de Mahomet dont on ne dit pas grand' chofe, parce qu'on ne trouve pas d'Avocats de fa doctrine comme de celle des deux autres.

Le quatrieme Chapitre contient des vérités fenfibles & évidentes, & n'a que fix paragraphes où on démontre ce que c'eft que Dieu, & quels font fes attributs : on rejette la croyance d'une vie à venir & de l'exiftence des Efprits.

Le cinquieme Chapitre traite de l'Ame ; il a fept paragraphes dans lefquels, après avoir expofé l'opinion vulgaire, on rapporte celle des Philofophes de l'antiquité, ainfi que le fentiment de Defcartes ; & enfin l'auteur démontre la nature de l'ame felon fon fyftême.

Le fixieme & dernier Chapitre a fept paragraphes ; on y traite des Efprits qu'on nomme *Démons*, & on fait voir l'origine & la fauffeté de l'opinion qu'on a de leur exiftence.

Voilà l'anatomie du fameux livre en queftion : j'aurois pu la faire d'une maniere plus étendue & plus particularifée, mais outre que cette Lettre eft déjà trop longue, j'ai cru que c'étoit en dire assez pour le faire connoître, & faire voir qu'il est en nature entre mes mains. Mille autres raisons que vous comprendrez assez m'empêchent de m'étendre autant que je l'aurois pu ; mais *est modus in rebus.*

Ainsi quoique ce livre soit en état d'être imprimé avec une Préface dans laquelle j'ai fait l'histoire de ce livre, & de la maniere qu'il a été découvert avec quelques conjectures sur son origine, outre quelques remarques qu'on pourroit mettre à la fin, cependant je ne crois pas qu'il voye jamais le jour, ou il faudroit que les hommes quittassent tout d'un coup leurs opinions & leurs imaginations comme ils ont quitté les fraises, les canons & les autres vieilles modes. Quant à moi, je ne m'exposerai pas au *Stylet Théologique* que je crains autant que *Fra - Paulo* craignoit le *Stylum Romanum,* pour donner le plaisir à quelques savans de lire ce petit Traité ; mais aussi je ne serai pas assez superstitieux pour, au lit de la mort, le faire jetter au feu, comme on prétend que fit *Salvius* Plénipotentiaire de Suéde à la Paix de Munster: ceux qui viendront après moi en feront tout ce qu'il leur plaira, sans que je m'en inquiette dans le tombeau. Avant d'y descendre, je suis avec estime, Monsieur, votre très - obéissant serviteur

J. L. R. L.

De Leyde ce 1er Janvier 1716.

Cette Lettre est du Sieur *Pierre Frédéric Arpe*, de Kiel, dans le Holstein, Auteur de l'Apologie de *Vanini*, imprimée à Rotterdam in-8°. en 1712.

COPIE

de l'Article IX. du Tome 1er, seconde
Partie, des *Mémoires de Littérature*,
imprimés à la Haye chez *Henry du
Sauzet* 1716.

ON ne peut plus présentement douter
qu'il n'y ait eu un Traité *de tribus
impostoribus* puisqu'il s'en trouve plusieurs
copies manuscrites. Si M. *de la Monnoye* l'eût vu aussi conforme qu'il est à
l'extrait qu'en donne M. *Arpe* dans sa
Lettre imprimée à Leyde le 1er Janvier
1716., même division en six Chapitres,
mêmes titres & les mêmes matieres qui
y sont traitées, il se seroit récrié contre la supposition de ce livre qu'on vou-
droit mal-à-propos attribuer à *Pierre des
Vignes* Sécrétaire & Chancelier de l'Empereur *Frédéric* II. Ce judicieux Critique a déjà fait voir la différence du
style Gothique de *Pierre des Vignes* dans
ses Epîtres d'avec celui employé dans
la Lettre que l'on feint adressée au Duc
de Baviere *Othon l'Illustre* en lui en-

voyant ce livre. Une remarque bien plus importante n'auroit pas échappé à ses lumieres. Ce Traité *des trois Imposteurs* est écrit & raisonné suivant la méthode & les principes de la nouvelle Philosophie, qui n'ont prévalu que ve s le milieu du 17e. siecle, après que les *Descartes*, les *Gassendi*, les *Bernier* & quelques autres se sont expliqués avec des raisonnemens plus justes & plus clairs que les anciens Philosophes qui avoient affecté une obscurité mystérieuse, voulant que leurs secrets ne fussent que pour les initiés. Il a même échapé à l'auteur de l'ouvrage dans son cinquieme Chapitre de nommer M. *Descartes*, & il y combat les raisonnemens de ce grand homme au sujet de l'âme. Or ni *Pierre des Vignes*, ni aucun de ceux qu'on a voulu faire passer pour auteurs de ce livre, n'ont pu raisonner suivant les principes de la nouvelle Philosophie, qui n'ont prévalu que depuis qu'ils ont écrit. A qui donc attribuer ce livre? On pourroit conclurre qu'il n'est que du même tems que la petite Lettre imprimée à Leyde en 1716. Mais il se trouvera une difficulté. *Tentzelius*, qui a écrit en 1689. & postérieurement, donne aussi un extrait de ce livre sur la foi d'un de ſes amis prétendu témoin oculaire : ainſi ſans vouloir fixer l'époque de la compoſition de ce livre qu'on diſoit compoſé en Latin & imprimé, le petit Traité François manuſcrit, ſoit qu'il n'ait jamais .été écrit qu'en cette langue ou qu'il ſoit une traduction du Latin, ce qui ſeroit difficile à croire, ne peut être fort ancien.

Ce n'eſt pas même le ſeul livre compoſé ſous ce titre & ſur cette matiere : un homme que ſon caractere & ſa profeſſion auroient dû engager à s'appliquer à d'autres matieres plus convenables, s'eſt aviſé de compoſer un gros ouvrage écrit en François ſous ce même titre *des trois impoſteurs*. Dans une préface qu'il a miſe à la tête de ſon ouvrage, il dit qu'il y a longtems qu'on parle beaucoup du livre *des trois impoſteurs* qui ne ſe trouve nulle part, ſoit qu'il n'ait véritablement jamais exiſté, ou qu'il ſoit perdu ; c'eſt pourquoi il veut, pour le reſtituer, écrire ſur le même ſujet. Son ouvrage eſt fort long, fort ennuyeux, & fort mal compoſé, ſans principes, ſans raiſonnemens. C'eſt un amas confus de toutes les injures & invectives répandues contre les trois légiſlateurs. Ce manuſcrit étoit en deux volumes in-folio é-

pais, & d'une belle écriture & affez me-
nue : le livre eft divifé en grand nombre de Chapitres. Un autre manufcrit
femblable fut trouvé après la mort d'un
Seigneur, ce qui donna occafion de faire
enlever cet auteur, qui ayant été averti
fit enforte qu'il ne fe trouvât rien parmi fes papiers pour le convaincre. Depuis ce tems il vit enfermé dans un mo-
naftere où il fait pénitence. En 1733. il
a recouvré entiérement fa liberté, & on
a ajouté une penfion de 250. liv. fur
l'Abbaye de St. Liguaire à une premiere qu'il avoit réfervée de 350. liv. fur fon
Bénéfice; il fe nommoit *Guillaume*, Cu-
ré de Frefne-fur-Berny, frere d'un La-
boureur du Pays. Il avoit été ci-de-
vant Régent au College de Montaigu ;
dans fa jeuneffe il avoit été enrôlé dans
les Dragons, & enfuite il s'étoit fait Ca-
pucin.

TABLE
DES MATIERES

Traitées dans le Livre

DES TROIS IMPOSTEURS,

Et des pieces relatives à cet Ouvrage.

TABLE

I5

DES MATIERES.

F I N.

www.ingramcontent.com/pod-product-compliance
Lightning Source LLC
Chambersburg PA
CBHW051726090426
42738CB00010B/2118